국내 최초
미국 Zoo-phonics
도입 20주년 기념
365일력

매일 원어민 영상으로 배우는

119 Phonics 파닉스

미국 공교육 음소인식 교수법으로
119개 파닉스 음가 완벽 습득!

매일 원어민 영상으로 배우는
119 파닉스

발행일 2025년 3월 1일 초판 1쇄 발행

지은이 Dr. Charlene Wrighton
　　　　Selma E. Shin
펴낸이 정용수

책임편집 신은실 　편집 우나령 오지연
디자인 박하영 원정연 　디지털콘텐츠 정춘민
영업·마케팅 장충상 김상연 정경민
제작 김동명 　관리 윤지연

펴낸곳 (주)예문아카이브
출판등록 2016년 8월 8일 제2016-000240호
주소 서울시 마포구 동교로 18길 10 2층
문의전화 031-955-0505(예문에듀콘텐츠연구소)
주문전화 031-955-0550 　팩스 031-955-0660
이메일 ymedu@yeamoonsa.com 　홈페이지 ymarchive.com
인스타그램 yeamoon.arv

ISBN 979-11-6386-425-7 (12740)

(주)예문아카이브는 도서출판 예문사의 단행본 전문 출판 자회사입니다.
널리 이롭고 가치 있는 지식을 기록하겠습니다.
저작권법에 따라 보호를 받는 저작물이므로 무단 전재와 복제를 금합니다.
이 책의 내용의 전부 또는 일부를 이용하려면 반드시 저작권자와 ㈜예문아카이브의
서면 동의를 받아야 합니다.

*책값은 뒤표지에 있습니다. 잘못 만들어진 책은 구입하신 곳에서 바꿔드립니다.

파닉스(Phonics)의 중요성

2025년부터 '2022 개정 교육과정'이 초등 3~4학년에 도입되는데, 영어 교과에서는 소리와 철자의 관계 이해를 매우 중요하게 다루게 됩니다. 문자와 소리의 관계를 배우는 파닉스(Phonics) 학습은 초등 영어 기초 문해력 강화를 위한 필수 과정이기 때문입니다.

영어 알파벳은 Aa부터 Zz까지 대문자와 소문자, 각각 26개로 이루어져 있습니다. 아이들은 파닉스를 통해 이 26개의 영어 문자가 만들어 내는 소리와 발음 규칙을 익힐 수 있습니다.

영어는 첫걸음을 어떻게 떼느냐가 매우 중요합니다. 그에 따라 아이마다 영어에 대한 흥미와 수준 편차가 크게 벌어지는 과목이기 때문이지요.

본격적으로 학교에서 영어 학습이 시작되기 전, 아이들이 알파벳에 대한 이해를 시작으로 자연스럽게 영어단어 읽기를 할 수 있도록 미리 준비시켜 주세요.

파닉스 교육을 통해 읽고 쓸 수 있는 자신감을 불어넣고, 영어의 소리와 발음을 잡아줌으로써 탄탄하게 기초를 잡아 우리 아이 영어 배움의 긴 여정을 자신감 있게 시작해 볼까요!

파닉스(Phonics)는 소리 교육부터!

파닉스(Phonics)는 알파벳 26개의 소리를 제대로 구분하는 것에서 시작합니다. 영어는 자음 21개와 모음 5개로 이루어져 있어요. 여기에서 모음 5개의 소리를 정확하게 인지하는 것이 특히 중요합니다.

알파벳의 대표 소리를 이해한 다음에는, 모음을 중심으로 CVC(자음+모음+자음) 단어들의 소리를 잘 듣고 구분하는 연습을 충분히 해야 합니다. 그래야 더 복잡한 단어들의 소리도 잘 들을 수 있답니다.

그렇다면 알파벳이 만들어 내는 소리는 총 몇 개나 될까요?
언어에서 가장 작은 단위의 소리를 음소(Phoneme)라고 하는데, 영어 26개 알파벳은 약 44~46개의 음소를 가지고 있어요. 이 음소를 인지할 수 있어야 파닉스의 완성이 이루어져, 스스로 영어 읽기가 가능해집니다.

미국에서는 음소 교육을 받은 유아들이 초등학교 입학 후 읽기와 쓰기를 비롯한 기초 문해력 부분에서 월등히 뛰어난 실력을 나타낸다는 연구 결과를 토대로 하여, 공교육 과정에 음소 인식(Phonemic Awareness) 교수법을 구체적 매뉴얼로 제시하고 있습니다.

How does Zoo-phonics teach phonics?
쥬파닉스는 어떻게 가르치나요?

Zoo-phonics는 미국 정통 음소 인식(Phonemic Awareness) 교수법을 세분화하여, 표음 기호(Phonogram, 포노그램)를 체계적으로 교육합니다.
Zoo-phonics는 영어 음소 46개, 그리고 이 소리를 만들어내는 다양한 음소 패턴(Phonemic Patterns) 119개를 가르칩니다.

아이들은 119개의 Phonogram 학습을 통해 영어의 발음 규칙을 제대로 배울 수 있고, 소리를 듣는 즉시 그 문자와 의미를 이해할 수 있게 됩니다.

이와 같은 이유로 Zoo-phonics 프로그램은 현재 미국 전역에서 공립학교 영어 교재로 채택되어 사용되고 있습니다.

미국 공교육 음소인식 교수법으로 파닉스 완성!

"119개의 음소 패턴(Phonogram)으로
파닉스 음가를 완벽하게 습득해요!"

Zoo-phonics 미국 본사

시중의 많은 프로그램들이 이론만을 바탕으로 개발됩니다.
그러나 쥬파닉스는 미국 유치원 선생님들의 현장 경험과
연구를 통해 개발되었습니다.

Safari Learning Center USA (내부 전경)

미국 캘리포니아, 샌프란시스코 근교 Sonora에 위치한 사파리 러닝센터와 사파리 아카데미에서 쥬파닉스의 교육 철학을 담은 커리큘럼으로 수업이 진행되고 있습니다.

* 주로 Preschool ~ 1st Grade로 구성

Zoo-phonics의 저자를 소개합니다!

" 알파벳을 이해하고, 읽고, 쓰기를 어렵게 느끼는 이유는 너무 추상적으로 배우기 때문이지요. 쥬파닉스는 알기 쉽고 이해하기 쉽게 구체적이고 확실하게 학습할 수 있도록 도와줍니다. "

- Dr. Charlene Wrighton

Dr. Charlene Wrighton's early childhood and primary keynote speeches are packed with current research-based innovative techniques to motivate children and teachers (even administrators get excited!).

Char, Bigi & Irene

Award Winning! The Zoo-phonics Preschool Kit! & Kindergarten Kit!

TCA Award Winning!

Teacher's Choice Award for the Classroom

Zoo-phonics는 미국 샌프란시스코 지역의 교사들로 구성된 연구진이 오랜 현장 연구 끝에 개발한 40년 역사의 유아 영어 파닉스 프로그램이며, 수십 년간 미국 교사들이 믿고 선택한 영어 교재입니다.

홈페이지: Zoo-phonics.com

40년 역사의 검증된 미국식 정통 파닉스
Zoo-phonics® USA

1983년 캘리포니아주 제임스타운 초등학교는 새 학기 초였습니다. Gigi Bradshaw는 특별한 도움이 필요한 아이들에게 철자법과 읽고 쓰는 것을 가르치려면 새로운 교수법이 필요하다는 것을 깨달았습니다. 그녀가 맡은 12명의 학생 중 알파벳의 기초를 확실하게 갖춘 학생은 아무도 없었습니다.

읽기, 쓰기, 철자법에 사용되는 필수 음운론 개념(자모음 및 여러 음소)을 다루는 교사들은 그 당시 거의 없었습니다. Bradshaw는 그러한 음운 인식 교수법의 필요성에 대해 인지하고 깊이 고민하였습니다.
그리고 마침내 Zoo-phonics의 Essences(기본 원칙)가 탄생하였습니다!

(좌로부터) Zoo-phonics 삽화가 Irene Clark,
저자 Dr. Charlene Wrighton, Gigi Bradshaw

The Essences of Zoo-phonics
쥬파닉스는 왜 효과적일까요?

1. 그림+문자를 결합한 픽토그램(Pictogram) 학습
- 추상적인 문자에 그림을 결합하여 익숙하지 않은 문자를 쉽게 익힐 수 있습니다.
- 그림을 통해 문자를 연상하므로 오래 기억할 수 있게 해 줍니다.

그림 + 문자 = 픽토그램

26 Animal Names

- allie alligator
- bubba bear
- catina cat
- deedee deer
- ellie elephant
- francy fish
- gordo gorilla
- honey horse
- inny inchworm

- jerry jellyfish
- kayo kangaroo
- lizzy lizard
- missy mouse
- nigel nightowl
- olive octopus
- peewee penguin
- queeny quail
- robby rabbit

- sammy snake
- timothy tiger
- umber umbrella bird
- vincent vampire bat
- willie weasel
- xavier fox
- yancy yak
- zeke zebra

The Essences of Zoo-phonics
쥬파닉스는 왜 효과적일까요?

2 대문자보다 소문자를 먼저 학습
- 대부분의 문장에서 대문자보다 소문자가 빈번히 사용되므로 소문자를 먼저 배운 아이들은 문장을 더 빨리 읽을 수 있습니다.

왜 대문자보다 소문자를 먼저 학습하나요?
영어 문장의 95%가 소문자로 구성

미국 교사들은 소문자를 먼저 가르칩니다.
소문자를 먼저 배운 아이들은 완벽하게 읽지는 못하더라도
단어나 문장 읽기가 대문자를 먼저 습득한 아이들보다 쉽고 빠르기 때문입니다.

1단계: 동물 글자
Animal Letter

2단계: 합본 글자
Merged Letter

3단계: 알파벳 글자
Letter

The Essences of Zoo-phonics
쥬파닉스는 왜 효과적일까요?

3 동물을 몸으로 표현하며 소리를 기억한 후 단어 인지

- 문자의 이름보다 소리(음가)를 먼저 학습합니다.
- 문자와 소리를 몸으로 먼저 학습하므로 오랫동안 기억할 수 있습니다.

전신반응 학습법 (바디 시그널)

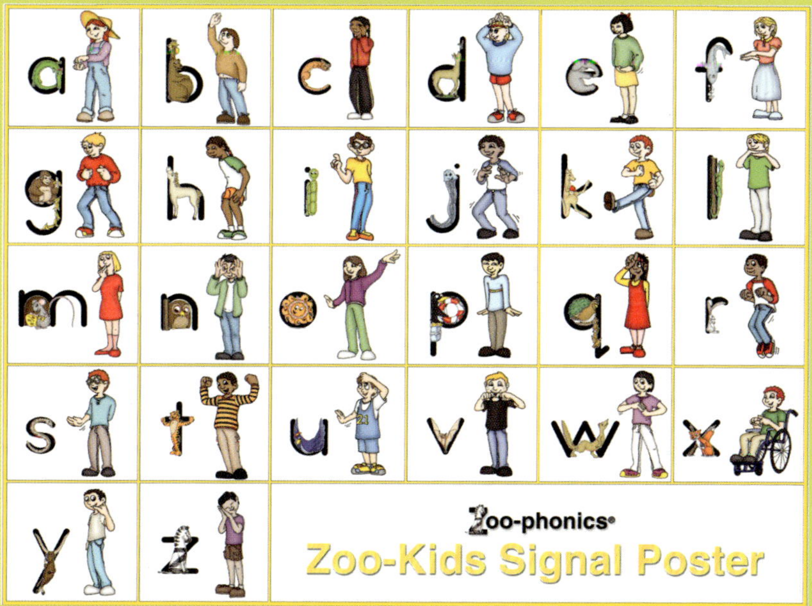

Zoo-phonics®
Zoo-Kids Signal Poster

The Essences of Zoo-phonics
쥬파닉스는 왜 효과적일까요?

전신반응 (Total Physical Response) 학습법

장기기억과 관련한 미국 연구 결과

쥬파닉스 고유의 픽토그램과 바디시그널 교수법으로 듣고, 보고, 말하고 움직이며 글자를 인지합니다. 이에 따라 노출된 정보를 장기 기억 속에 저장할 수 있습니다.

- 10% 듣기만 할 때
- 30% 듣고 볼 때
- 40% 듣고 보고 말할 때
- 100% 듣고 보고 말하고 움직일 때

Zoo-phonics를
365일 일력으로 만나요!

대한민국 유아기관 영어 프로그램 채택률 **1위**

 USA

40년 역사의 미국식 정통 영어 프로그램 Zoo-phonics의 국내 도입 20주년을 기념하여 365일 일력으로 집대성하였습니다. 오랜 세월 동안 대한민국 유아기관에서 검증된 놀라운 학습 결과를 이제 매일 원어민 영상으로 생생하게 체험해 보세요!

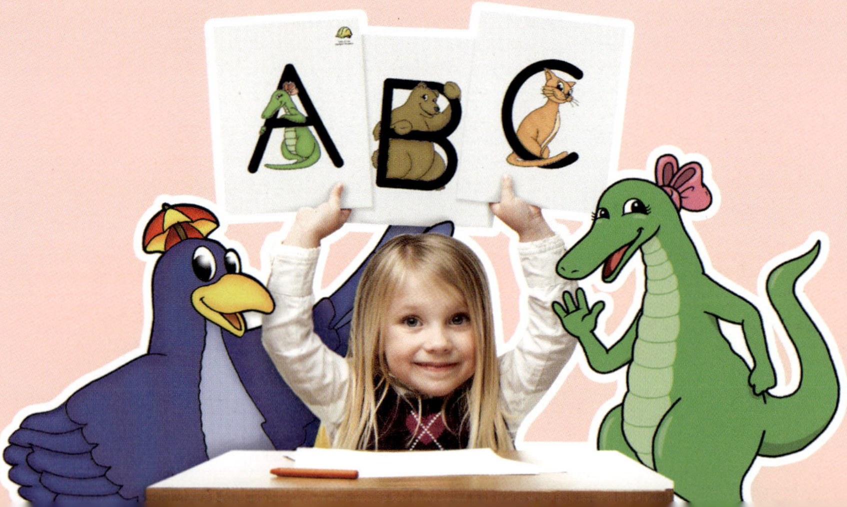

원어민 선생님과 함께 알파벳 동물 친구들을 만나요!

I'm ollie olligator.

Okay, honey horse.

Oh! You're olive octopus!

My name is xavier fox.

I'm ellie elephant.

I'm nigel nightowl.

Your name is queeny quail.

My name is yancy yak.

이렇게 활용하세요!

- 매일 일력 순서를 따라 한 장씩 학습하도록 해 주세요. 한글 설명을 참고하여 아이에게 학습할 내용을 이야기해 주시고, 아이의 눈높이에 맞추어 아이의 기분과 반응에 따라 진행해 주세요.
- QR코드를 찍으면 학습 내용에 해당하는 다양한 원어민 영상과 율동, 챈트와 스토리를 만날 수 있어요.

❶ 주차와 일자가 표기된 일력을 잘 확인하며 매일 규칙적으로 학습해요. 학습을 마친 후에는 일력 아래에 학습한 날짜를 적는 것도 잊지 마세요.

❷ 원어민 선생님이 소개하는 알파벳 동물들의 이야기! 동물 친구들의 이름과 소리를 만나보고, 흥미진진한 동물들의 이야기를 들어봐요.

❸ 알파벳의 정확한 소리를 확인하세요. 원어민 입 모양 동영상을 보면서 알파벳의 소리와 단어를 잘 듣고 따라 해봐요.

❹ 오늘의 학습 내용과 방법을 알아봐요. 발음에 대한 설명을 비롯한 파닉스 정보가 상세하게 수록되어 있어요.

❺ 학습 음가가 들어있는 단어들을 알아봐요. 원어민 선생님의 율동을 따라 하며 발음에 집중하여 단어를 말해봐요.

❻ 학습 음가가 들어있는 단어들이 모이면 재미있는 이야기가 만들어져요. 단어를 정확하게 듣고 말할 수 있다면 문장도 자신 있게 따라 할 수 있어요!

119개 Phonogram 찾아보기

001	Aa	1st Week Day 1 ~ 1st Week Day 4
002	Bb	1st Week Day 5 ~ 2nd Week Day 1
003	Cc	2nd Week Day 2 ~ 2nd Week Day 5
001-003	abc	2nd Week Day 6
004	Dd	2nd Week Day 7 ~ 3rd Week Day 3
005	Ee	3rd Week Day 4 ~ 3rd Week Day 7
006	Ff	4th Week Day 1 ~ 4th Week Day 4
004-006	def	4th Week Day 5
007	Gg	4th Week Day 6 ~ 5th Week Day 2
008	Hh	5th Week Day 3 ~ 5th Week Day 6
009	Ii	5th Week Day 7 ~ 6th Week Day 3
007-009	ghi	6th Week Day 4
010	Jj	6th Week Day 5 ~ 7th Week Day 1
011	Kk	7th Week Day 2 ~ 7th Week Day 5
012	Ll	7th Week Day 6 ~ 8th Week Day 2
010-012	jkl	8th Week Day 3
013	Mm	8th Week Day 4 ~ 8th Week Day 7
014	Nn	9th Week Day 1 ~ 9th Week Day 4
015	Oo	9th Week Day 5 ~ 10th Week Day 1
013-015	mno	10th Week Day 2
016	Pp	10th Week Day 3 ~ 10th Week Day 6
017	Qq	10th Week Day 7 ~ 11th Week Day 3
018	Rr	11th Week Day 4 ~ 11th Week Day 7
016-018	pqr	12th Week Day 1
019	Ss	12th Week Day 2 ~ 12th Week Day 5
020	Tt	12th Week Day 6 ~ 13th Week Day 2
021	Uu	13th Week Day 3 ~ 13th Week Day 6
019-021	stu	13th Week Day 7
022	Vv	14th Week Day 1 ~ 14th Week Day 4
023	Ww	14th Week Day 5 ~ 15th Week Day 1
024	Xx	15th Week Day 2 ~ 15th Week Day 5
022-024	vwx	15th Week Day 6
025	Yy	15th Week Day 7 ~ 16th Week Day 3
026	Zz	16th Week Day 4 ~ 16th Week Day 7
025-026	yz	17th Week Day 1
	Alphabet	17th Week Day 2
	Review 001-026	17th Week Day 3 ~ 17th Week Day 6
	CVC	17th Week Day 7 ~ 18th Week Day 6
027	ad	18th Week Day 7 ~ 19th Week Day 1
028	at	19th Week Day 2 ~ 19th Week Day 3
029	an	19th Week Day 4 ~ 19th Week Day 5
030	ap	19th Week Day 6 ~ 19th Week Day 7
031	am	20th Week Day 1 ~ 20th Week Day 2
032	ag	20th Week Day 3 ~ 20th Week Day 4
033	ab	20th Week Day 5 ~ 20th Week Day 6
027-033	Short 'a'	20th Week Day 7 ~ 21st Week Day 1
034	et	21st Week Day 2 ~ 21st Week Day 4
035	en	21st Week Day 5 ~ 21st Week Day 6
036	ed	21st Week Day 7
037	eg	22nd Week Day 1
034-037	Short 'e'	22nd Week Day 2 ~ 22nd Week Day 4
038	id	22nd Week Day 5 ~ 22nd Week Day 6
039	ip	22nd Week Day 7 ~ 23rd Week Day 1
040	ig	23rd Week Day 2 ~ 23rd Week Day 3
041	in	23rd Week Day 4 ~ 23rd Week Day 5
042	it	23rd Week Day 6
043	ix	23rd Week Day 7
038-043	Short 'i'	24th Week Day 1 ~ 24th Week Day 2
044	og	24th Week Day 3 ~ 24th Week Day 5
045	op	24th Week Day 6 ~ 24th Week Day 7
046	ot	25th Week Day 1 ~ 25th Week Day 2
047	ox	25th Week Day 3 ~ 25th Week Day 4
044-047	Short 'o'	25th Week Day 5 ~ 25th Week Day 6
048	ug	25th Week Day 7 ~ 26th Week Day 2
049	up	26th Week Day 3 ~ 26th Week Day 5
050	un	26th Week Day 6 ~ 26th Week Day 7
051	um	27th Week Day 1 ~ 27th Week Day 2
052	ub	27th Week Day 3
053	ut	27th Week Day 4
048-053	Short 'u'	27th Week Day 5 ~ 27th Week Day 6
	Review 027-053	
	Short Vowels	27th Week Day 7 ~ 29th Week Day 5
054	fl	29th Week Day 6
055	gl	29th Week Day 7
056	pl	30th Week Day 1
057	sl	30th Week Day 2
054-057	'l' Blends	30th Week Day 3 ~ 30th Week Day 4
058	br	30th Week Day 5
059	fr	30th Week Day 6
060	gr	30th Week Day 7
061	tr	31st Week Day 1
058-061	'r' Blends	31st Week Day 2 ~ 31st Week Day 3

062	ld	31st Week Day 4
063	nd	31st Week Day 5
062~063	'd' Blends	31st Week Day 6 ~ 31st Week Day 7

064	ft	32nd Week Day 1
065	nt	32nd Week Day 2
064~065	't' Blends	32nd Week Day 3 ~ 32nd Week Day 4

066	sk	32nd Week Day 5 ~ 33rd Week Day 1
067	st	33rd Week Day 2 ~ 33rd Week Day 5
068	ck	33rd Week Day 6
069	lk	33rd Week Day 7
070	nk	34th Week Day 1

Review 054~070
Blends | 34th Week Day 2 ~ 34th Week Day 5

071	ch	34th Week Day 6 ~ 35th Week Day 1
072	gh	35th Week Day 2 ~ 35th Week Day 3
073	ph	35th Week Day 4 ~ 35th Week Day 6
074	sh	35th Week Day 7 ~ 36th Week Day 2
075	th[θ]	36th Week Day 3 ~ 36th Week Day 4
076	th[ð]	36th Week Day 5
075~076	th	36th Week Day 6
077	wh	36th Week Day 7 ~ 37th Week Day 1
078	qu	37th Week Day 2 ~ 37th Week Day 3
079	ng	37th Week Day 4 ~ 37th Week Day 5

Review 071~079
Digraphs | 37th Week Day 6 ~ 38th Week Day 2

080	Schwa a	38th Week Day 3 ~ 38th Week Day 4
081	Schwa e	38th Week Day 5 ~ 38th Week Day 6
082	Schwa i	38th Week Day 7 ~ 39th Week Day 1
083	Schwa o	39th Week Day 2 ~ 39th Week Day 3
084	Schwa u	39th Week Day 4 ~ 39th Week Day 5

Review 080~084
Schwa | 39th Week Day 6 ~ 40th Week Day 2

085	I Say My Name a	40th Week Day 3 ~ 40th Week Day 4
086	I Say My Name e	40th Week Day 5 ~ 40th Week Day 6
087	I Say My Name i	40th Week Day 7 ~ 41st Week Day 1
088	I Say My Name o	41st Week Day 2 ~ 41st Week Day 3
089	I Say My Name u	41st Week Day 4 ~ 41st Week Day 5

Review 085~089
I Say My Name | 41st Week Day 6 ~ 42nd Week Day 3

090	Bossy 'e' a_e	42nd Week Day 4 ~ 42nd Week Day 5
091	Bossy 'e' i_e	42nd Week Day 6 ~ 43rd Week Day 2
092	Bossy 'e' o_e	43rd Week Day 3 ~ 43rd Week Day 4
093	Bossy 'e' u_e	43rd Week Day 5 ~ 43rd Week Day 6

Review 090~093
Bossy 'e' | 43rd Week Day 7 ~ 44th Week Day 5

094	ai	44th Week Day 6 ~ 44th Week Day 7
095	ar	45th Week Day 1 ~ 45th Week Day 2
096	aw	45th Week Day 3 ~ 45th Week Day 4
097	all	45th Week Day 5 ~ 45th Week Day 6
098	ay	45th Week Day 7 ~ 46th Week Day 2
099	ea	46th Week Day 3 ~ 46th Week Day 4
100	ee	46th Week Day 5 ~ 46th Week Day 6
101	er	46th Week Day 7 ~ 47th Week Day 1
102	ir	47th Week Day 2 ~ 47th Week Day 3
103	ie	47th Week Day 4
104	oa	47th Week Day 5 ~ 47th Week Day 6
105	oo[uː]	47th Week Day 7
106	oo[u]	48th Week Day 1
105~106	oo	48th Week Day 2
107	ow[au]	48th Week Day 3
108	ow[əu]	48th Week Day 4
109	oy	48th Week Day 5 ~ 48th Week Day 6
110	ur	48th Week Day 7 ~ 49th Week Day 1

Review 094~110
Polite Partners | 49th Week Day 2 ~ 50th Week Day 3

111	Vowel y	50th Week Day 4
112	Silent gh	50th Week Day 5
113	Silent h	50th Week Day 6
114	Silent k	50th Week Day 7 ~ 51st Week Day 1
115	Silent l	51st Week Day 2 ~ 51st Week Day 3
116	Silent b	51st Week Day 4 ~ 51st Week Day 5
117	Silent w	51st Week Day 6
118	Soft c	51st Week Day 7 ~ 52nd Week Day 1
119	Soft g	52nd Week Day 2 ~ 52nd Week Day 3

Review 112~119
Silent & Soft Sounds | 52nd Week Day 4 ~ 52nd Week Day 7

001 - 026

Alphabet Sounds

알파벳 소리

Animal Friend - a   a 발음

Phonogram
001

Aa

1st Week

Day 1
___ / ___

a, a, alligator
a, a, alligator
alligator, alligator
"a, a, a"

우리말 [애]보다 입을 크게 벌려요. 턱을 아래로 내리고 혀를 낮고 평평하게 하여 소리 내요. 원어민의 발음 영상을 보면서 큰 소리로 따라 하고, 알파벳 모양을 따라 예쁘게 색칠해 보세요.

Phonogram 001

Aa

1st Week
Day **2**

alligator

ant

apple

ax

'a'로 시작하는 단어들을 알아볼까요?
영상을 보면서 챈트를 따라 해봐요.

Phonogram 001

1st Week
Day 3
___ / ___

Aa

a Theater

apple

alligator

ax

ant

영상을 보면서 'a'로 시작하는 단어들을 찾아보고, 문장을 따라 말해보세요.

I'm Allie Alligator.

There's Ant.

I like apples.

It's an ax.

Phonogram 001

Aa

a Story

 'a'로 시작하는 단어가 들어간 스토리 영상을 보고, 문장들을 따라 말해보세요.

I'm Allie Alligator.

I'm Ant.

We like apples.
They are sweet!

Animal Friend - b   b 발음

Bb

1st Week
Day 5
___ / ___

b, b, bear
b, b, bear
bear, bear
"b, b, b"

입술을 붙여 공기를 완전히 차단했다가 공기를 갑자기 세게 내뱉으며 [ㅂ]하고 배를 울려 발음해요. 원어민의 발음 영상을 보면서 큰 소리로 따라 하고, 알파벳 모양을 따라 색칠해 봐요.

b Chant

Phonogram 002

Bb

1st Week

Day 6
___ / ___

bear

bat

bee

boy

'b'로 시작하는 단어들을 알아볼까요?
영상을 보면서 챈트를 따라 해보세요.

b Theater

Phonogram

002

Bb

1st Week

Day 7

___ / ___

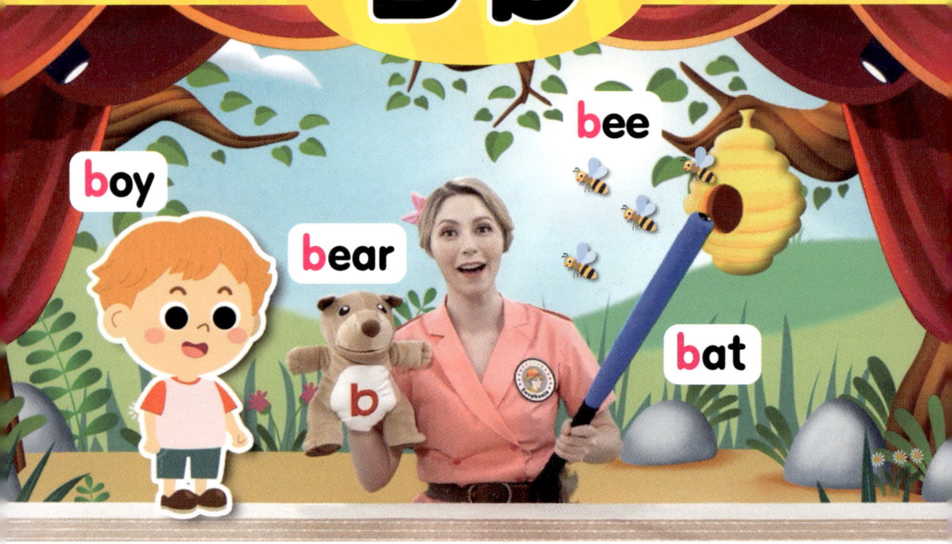

영상을 보면서 'b'로 시작하는 단어들을 찾아보고, 문장을 따라 말해보세요.

I'm Bubba Bear.

Bees are coming out!

I have a bat.

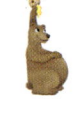

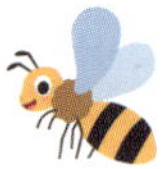

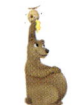

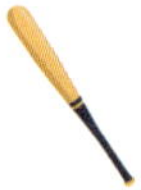

Thank you, Boy.

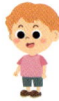

Bb

b Story

'b'로 시작하는 단어가 들어간 스토리 영상을 보고, 문장들을 따라 말해보세요.

I'm Bubba Bear.

I'm a boy.

We like honey bees.
They are busy!

Phonogram 003

2nd Week

Day 2

___ / ___

C c

c, c, cat
c, c, cat
cat, cat
"c, c, c"

혀의 뒷부분을 입천장의 부드러운 부분에 대세요. 입을 살짝 벌리고 혀를 재빨리 놓아 공기가 흐르도록 하여 [ㅋ] 소리를 내요. 원어민의 발음 영상을 보면서 큰 소리로 따라 하고, 알파벳 모양을 따라 예쁘게 색칠해 보세요.

c Chant

Phonogram
003

C c

2nd Week
Day 3
___ / ___

cat

carrot

coat

cow

'c'로 시작하는 단어들을 알아볼까요?
영상을 보면서 챈트를 따라 해봐요.

Cc

Phonogram 003 — 2nd Week, Day 4

c Theater

cow
cane
car
carrot cake

 영상을 보면서 'c'로 시작하는 단어들을 찾아보고, 문장을 따라 말해보세요.

Happy birthday, Cow!

Cat needs a cane.

Cow likes a carrot cake!

How about we use a car?

Phonogram 003

2nd Week
Day 5
___ / ___

c Story

Cc

 'c'로 시작하는 단어가 들어간 스토리 영상을 보고, 문장들을 따라 말해보세요.

I'm Catina Cat.

I'm Cow.

We like carrots.
They are yummy!

abc Story

Review
Phonogram 001 - 003
abc

2nd Week
Day 6
___ / ___

'a, b, c'로 시작하는 단어들을 복습해요.
스토리 애니메이션을 보면서 문장들을 큰 소리로 따라 말해보세요.

allie alligator eats fish.

bubba bear eats berries.

catina cat eats cat food.

Yummy! Yummy! Yummy!

Animal Friend - d   d 발음

Phonogram 004

Dd

2nd Week

Day 7
___ / ___

d, d, deer
d, d, deer
deer, deer
"d, d, d"

혀끝을 윗니 뒤에 대세요. 배에 힘을 주고 공기를 세게 내뱉으며 [ㄷ]라고 발음해요. 원어민의 발음 영상을 보면서 큰 소리로 따라 하고, 알파벳 모양을 따라 색칠해봐요.

Phonogram 004

Dd

3rd Week
Day 1
__ / __

d Chant

deer dinosaur

dog duck

'd'로 시작하는 단어들을 알아볼까요?
영상을 보면서 챈트를 따라 해보세요.

Dd

Phonogram 004

3rd Week
Day 2

dinosaur deer dog duck

 영상을 보면서 'd'로 시작하는 단어들을 찾아보고, 문장을 따라 말해보세요.

d, d, Deedee Deer.

I'm Dog.

I'm Duck.

I found a dinosaur!

Phonogram 004

Dd

Day 3

 'd'로 시작하는 단어가 들어간 스토리 영상을 보고, 문장들을 따라 말해보세요.

Hello, **D**eedee **D**eer!

Hi, **D**og!

I see a **d**inosaur.

What do you see?

Animal Friend - e   e 발음

Phonogram
005

3rd Week

Day 4
___ / ___

Ee

e, e, elephant
e, e, elephant
elephant, elephant
"e, e, e"

입을 양쪽으로 당겨 살짝 벌리고, 혀를 중앙에 놓아요. 혀가 천장에 닿지 않고, 힘을 뺀 상태에서 [에]라고 발음해요. 원어민의 발음 영상을 보면서 큰 소리로 잘 따라 하고, 알파벳 모양을 따라 예쁘게 색칠해 보세요.

e Chant

Phonogram
005

Ee

3rd Week
Day 5
___ / ___

eggplant

elf

envelope

eskimo

'e'로 시작하는 단어들을 알아볼까요?
영상을 보면서 챈트를 따라 해봐요.

Ee

Phonogram 005

3rd Week — Day 6

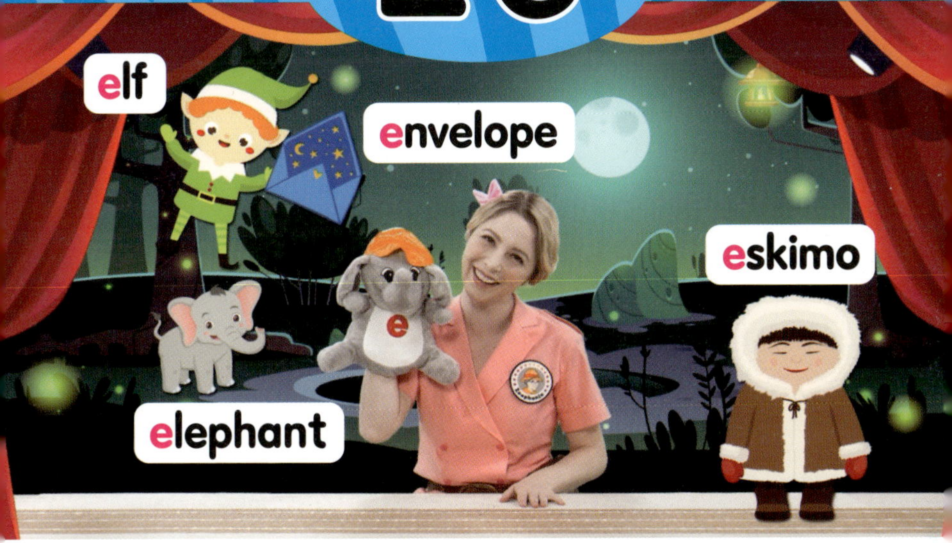

 영상을 보면서 'e'로 시작하는 단어들을 찾아보고, 문장을 따라 말해보세요.

I'm Eskimo.

Where is Elf?

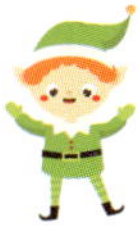

My little elephant.

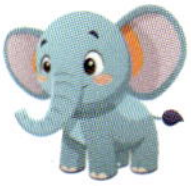

Come into the magic envelope!

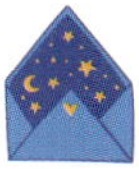

Phonogram 006

4th Week

Day 1 ___ / ___

F f

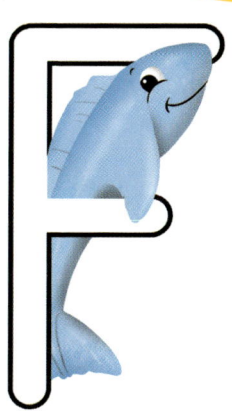 

f, f, fish
f, f, fish
fish, fish
"f, f, f"

윗니를 아랫입술에 살짝 대세요. 이빨과 입술로 생긴 좁은 틈으로 공기를 밀어내며 [ㅍ(ㅎ)]라고 발음해요. 원어민의 발음 영상을 보면서 큰 소리로 잘 따라 하고, 알파벳 모양을 따라 색칠해 봐요.

Phonogram 006

F f

4th Week
Day 2

f an

f ence

f ish

f ox

'f'로 시작하는 단어들을 알아볼까요?
영상을 보면서 챈트를 따라 해보세요.

F f

Phonogram 006 — 4th Week, Day 3

fox • fish • fan • fence

 영상을 보면서 'f'로 시작하는 단어들을 찾아보고, 문장을 따라 말해보세요.

I'm a fox.

I live on the other side of the fence.

I'm Francy Fish!

Can you say "fan"?

def

def Story

Review Phonogram 004 - 006

4th Week
Day 5
___ / ___

'd, e, f'로 시작하는 단어들을 복습해요.
스토리 애니메이션을 보면서 문장들을 큰 소리로 따라 말해보세요.

deedee deer looks at grass.

ellie elephant looks at bananas.

francy fish looks at plants.

Let's play!

Phonogram 007

4th Week — Day 6

Gg

, , orilla

, , orilla

orilla, orilla

", , "

혀의 뒷부분을 입천장의 부드러운 부분에 대세요. 혀 뒤에 공기압을 높이고 목구멍을 울려 [ㄱ]라고 소리 내요. 원어민의 발음 영상을 보면서 큰 소리로 따라 하고, 알파벳 모양을 따라 예쁘게 색칠해 봐요.

Phonogram 007

Gg

g Chant

4th Week
Day 7

gate

girl

goat

gorilla

'g'로 시작하는 단어들을 알아볼까요?
영상을 보면서 챈트를 따라 해보세요.

Phonogram 007

5th Week — Day 1

G g

- **g**orilla
- **g**un
- **g**um
- **g**rapes

 영상을 보면서 'g'로 시작하는 단어들을 찾아보고, 문장을 따라 말해보세요.

I'm **G**ordo **G**orilla.

Here you are. **G**rapes!

I want a **g**un.

It's a **g**um.

Phonogram 007

5th Week — Day 2

Gg

'g'로 시작하는 단어가 들어간 스토리 영상을 보고, 문장들을 따라 말해보세요.

I'm Gordo Gorilla.

I'm Goat.

What is it?

It is a gift. It's for you!

Phonogram 008

Hh

5th Week — **Day 3** ___ / ___

h, h, horse
h, h, horse
horse, horse
"h, h, h"

입을 살짝 벌리고 목구멍으로 숨을 내쉬며 [ㅎ]라고 발음해요. 부드럽게 숨을 내쉬는 것과 비슷한 소리가 나요. 원어민의 발음 영상을 보면서 큰 소리로 따라 하고, 알파벳 모양을 따라 색칠해 봐요.

Phonogram 008

Hh

5th Week
Day **4**

h Chant

ammer

at

orse

ouse

'h'로 시작하는 단어들을 알아볼까요?
영상을 보면서 챈트를 따라 해보세요.

Phonogram 008
Hh

5th Week — Day 5

h Theater

- **h**elmet
- **h**at
- **h**orse
- **h**ammer

영상을 보면서 'h'로 시작하는 단어들을 찾아보고, 문장을 따라 말해보세요.

I am **H**oney **H**orse.

I need a **h**at.

Is this a **h**ammer?

No! That's a **h**elmet.

Hh

'h'로 시작하는 단어가 들어간 스토리 영상을 보고, 문장들을 따라 말해보세요.

I'm Honey Horse.

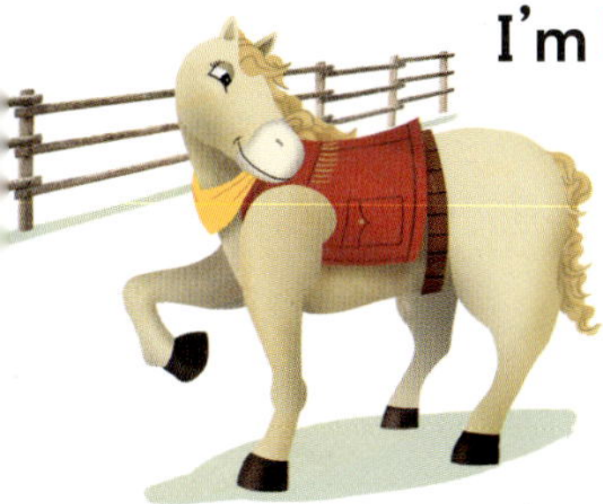

I'm Hen.

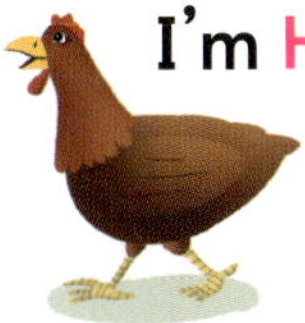

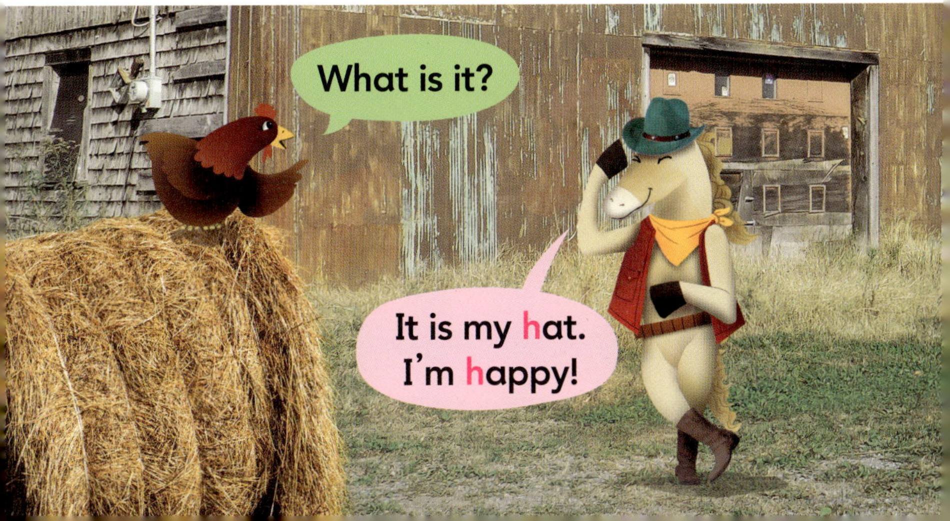

What is it?

It is my hat. I'm happy!

  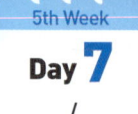

Phonogram 009

I i

i, i, inchworm
i, i, inchworm
inchworm, inchworm
"i, i, i"

우리말 [이]와 [에]의 중간 크기로 입을 살짝 벌려요. 혀를 아래 잇몸 뒤에 놓고 [이]라고 발음해요. 원어민의 발음 영상을 보면서 큰 소리로 따라 하고, 알파벳 모양을 따라 색칠해 보세요.

i Chant

009
I i

6th Week
Day 1

igloo

iguana

inchworm

insect

'i'로 시작하는 단어들을 알아볼까요?
영상을 보면서 챈트를 따라 해봐요.

Ii

igloo

inchworm

iguana

ink

영상을 보면서 'i'로 시작하는 단어들을 찾아보고, 문장을 따라 말해보세요.

I am Inny Inchworm.

This is magic ink.

Let's call out Iguana!

Do you like my igloo?

I i

 'i'로 시작하는 단어가 들어간 스토리 영상을 보고, 문장들을 따라 말해보세요.

I'm Inny Inchworm.

I'm Iguana.

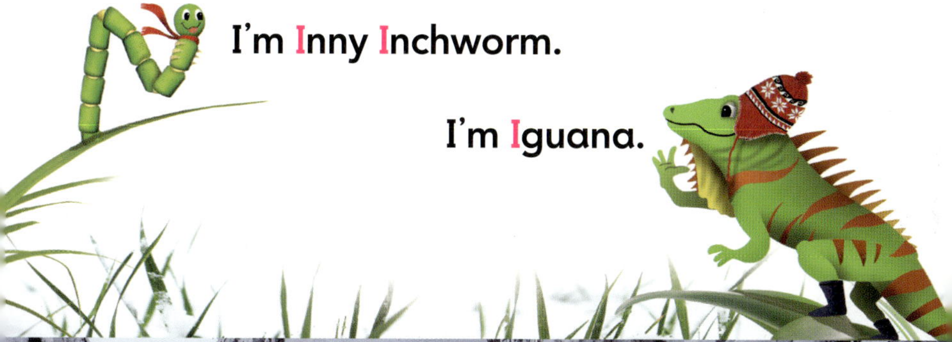

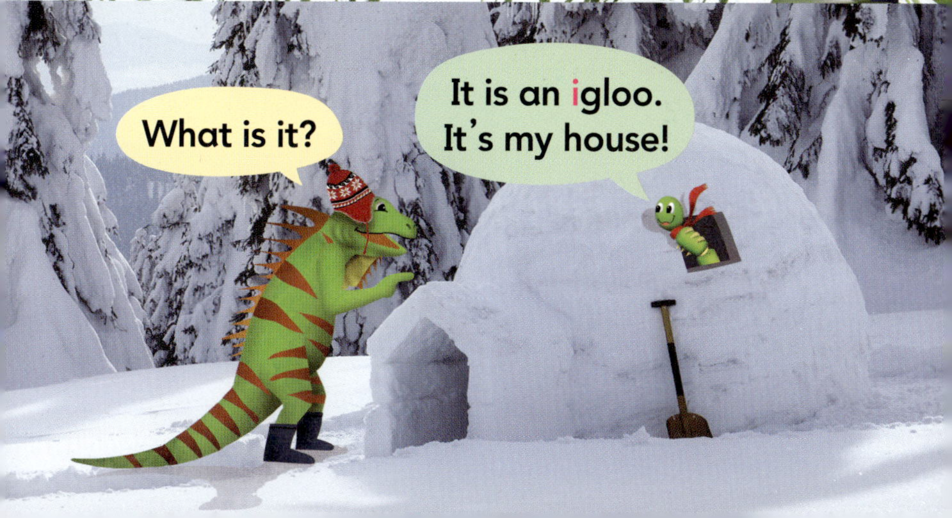

What is it?

It is an igloo. It's my house!

Review
Phonogram 007 - 009
ghi

6th Week
Day **4**
___ / ___

ghi Story

'g, h, i'로 시작하는 단어들을 복습해요.
스토리 애니메이션을 보면서 문장들을 큰 소리로 따라 말해보세요.

gordo gorilla loves a girl.

honey horse loves a hat.

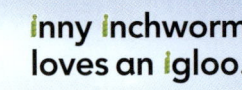
inny inchworm loves an igloo.

Hooray!

Animal Friend - j

j 발음

Phonogram 010

Jj

6th Week
Day 5
___ / ___

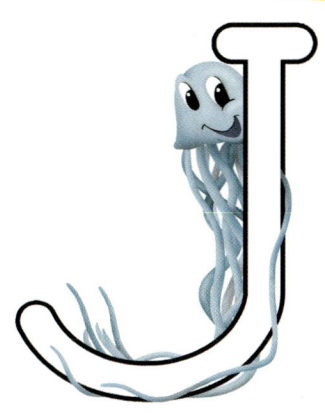

j, j, jellyfish
j, j, jellyfish
jellyfish, jellyfish
"j, j, j"

입을 동그랗게 모아 앞으로 쭈욱 내밀고, 혀를 윗니 뒤에 대었다가 떼면서 [쥬(어)]라고 발음해요. 원어민의 발음 영상을 보면서 큰 소리로 따라 하고, 알파벳 모양을 따라 색칠해 봐요.

j Chant

Phonogram
010

Jj

Day **6**
___ / ___

jaguar

jam

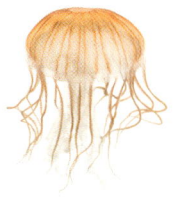

jellyfish

juice

'j'로 시작하는 단어들을 알아볼까요?
영상을 보면서 챈트를 따라 해보세요.

Phonogram 010

Jj

6th Week

Day 7
___ / ___

j Theater

jam jeep jaguar jellyfish

영상을 보면서 'j'로 시작하는 단어들을 찾아보고, 문장을 따라 말해보세요.

My name is Jerry Jellyfish!

Jaguar, are you hungry?

I have jam.

I have a jeep.

Phonogram
011

Kk

7th Week

Day 2
___ / ___

k, k, kangaroo
k, k, kangaroo
kangaroo, kangaroo
"k, k, k"

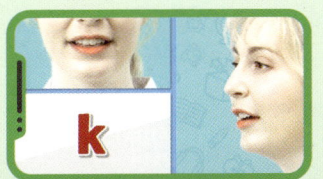

혀의 뒷부분을 입천장의 부드러운 부분에 대세요. 혀를 빠르게 놓아 공기가 세게 흐르게 하여 [ㅋ]라고 발음해요. 원어민의 발음 영상을 보면서 큰 소리로 따라 하고, 알파벳 모양을 따라 예쁘게 색칠해 보세요.

k Chant

Phonogram
011
Kk

7th Week
Day 3
___ / ___

kangaroo   **k**etchup

kiwi   **k**oala

'k'로 시작하는 단어들을 알아볼까요?
영상을 보면서 챈트를 따라 해봐요.

Phonogram 011
Kk

7th Week
Day 4
___ / ___

 k Theater

koala
kangaroo
ketchup
kiwi

 영상을 보면서 'k'로 시작하는 단어들을 찾아보고, 문장을 따라 말해보세요.

I am Kayo Kangaroo.

I put some kiwi on it.

You only have ketchup.

Hi, Koala!
Welcome to my house.

Animal Friend - l

l 발음

Phonogram 012
Ll

7th Week
Day 6
___ / ___

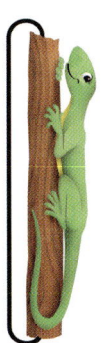

l, l, lizard
l, l, lizard
lizard, lizard
"l, l, l"

혀끝을 윗니 뒤에 붙였다가 떼면서 공기가 혀 옆으로 흐르게 하여 [ㄹ] 소리를 내요. 원어민의 발음 영상을 보면서 큰 소리로 따라 하고, 알파벳 모양을 따라 색칠해 보세요.

Phonogram 012

Ll

I Chant

7th Week
Day 7
___ / ___

ladybug

lion

lizard

lobster

'l'로 시작하는 단어들을 알아볼까요?
영상을 보면서 챈트를 따라 해봐요.

Phonogram 012

Ll

8th Week
Day 1
___ / ___

I Theater

lizard **lemon** **ladybug** **lion**

 영상을 보면서 'l'로 시작하는 단어들을 찾아보고, 문장을 따라 말해보세요.

I am Lizzy Lizard.

I'm a lion. I'll eat you!

I will give you a lemon.

There is a ladybug.

I Story

Phonogram 012

Ll

8th Week

Day 2

___ / ___

'l'로 시작하는 단어가 들어간 스토리 영상을 보고, 문장들을 따라 말해보세요.

Hello, Lizzy Lizard!

Hi, Lion!

What are you doing?

I am landing.

jkl Story

jkl

010 - 012

Review

8th Week
Day 3
___ / ___

'j, k, l'로 시작하는 단어들을 복습해요.
스토리 애니메이션을 보면서 문장들을 큰 소리로 따라 말해보세요.

Jerry Jellyfish plays with a jaguar.

Kayo Kangaroo plays with a Koala.

Lizzy Lizard plays with a Ladybug.

Let's take a picture!

Phonogram 013

8th Week

Day **4**
___ / ___

Mm

Animal Friend - m

m 발음

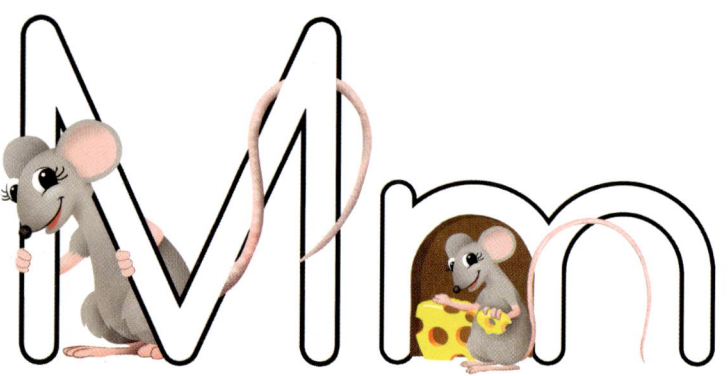

m, m, mouse
m, m, mouse
mouse, mouse
"m, m, m"

입술을 다물고 콧구멍을 통해서 공기를 내보내며 [ㅁ] 라고 콧소리를 내요. 원어민의 발음 영상을 보면서 큰 소리로 따라 하고, 알파벳 모양을 따라 예쁘게 색칠해 보세요.

m Chant

Phonogram
013

Mm

8th Week

Day 5
___ / ___

monkey

moon

mother

mountain

'm'으로 시작하는 단어들을 알아볼까요?
영상을 보면서 챈트를 따라 해봐요.

Mm

Phonogram 013

8th Week — Day 6

moon

mountain

makeup

mouse

 영상을 보면서 'm'으로 시작하는 단어들을 찾아보고, 문장을 따라 말해보세요.

My name is Missy Mouse.

This mountain is very high!

I put on my makeup.

That is the moon.

Animal Friend - n   n 발음

Phonogram 014

9th Week

Day 1
___ / ___

Nn

n, n, nightowl
n, n, nightowl
nightowl, nightowl
"n, n, n"

혀끝을 윗니 뒤에 붙이고 콧구멍으로 공기를 내보내다가, 혀를 떼면서 [ㄴ]라고 발음해요. 'm'처럼 자연스럽게 콧소리를 내요. 원어민의 발음 영상을 보면서 큰 소리로 따라 하고, 알파벳 모양을 따라 색칠해 봐요.

n Chant

Phonogram
014

Nn

9th Week

Day 2
___ / ___

nest

newspaper

nightowl

nurse

'n'으로 시작하는 단어들을 알아볼까요?
영상을 보면서 챈트를 따라 해보세요.

Nn

Phonogram 014

9th Week — Day 3

- **n**ightowl
- **n**ewspaper
- **n**urse
- **n**o

n Theater

영상을 보면서 'n'으로 시작하는 단어들을 찾아보고, 문장을 따라 말해보세요.

I am **N**igel **N**ightowl.

I like reading the **n**ewspaper.

Did you like it? **N**o!

You need help from a **n**urse!

Animal Friend - o   o 발음

Phonogram
015

9th Week

Day 5
___ / ___

🐙, 🐙, octopus
🐙, 🐙, octopus
octopus, octopus
"🐙, 🐙, 🐙"

우리말의 [아]보다 입을 크게 벌리고, 혀의 끝부분이 아랫쪽 앞니 뒤쪽에 닿게 하여 소리를 내요. 원어민의 발음 영상을 보면서 큰 소리로 따라 하고, 알파벳 모양을 따라 예쁘게 색칠해 보세요.

Phonogram 015

Oo

9th Week — Day 6

octagon

octopus

ostrich

otter

'o'로 시작하는 단어들을 알아볼까요?
영상을 보면서 챈트를 따라 해봐요.

Phonogram 015

Oo

9th Week — Day 7

- octopus
- otter
- octagon
- ostrich

영상을 보면서 'o'로 시작하는 단어들을 찾아보고, 문장을 따라 말해보세요.

I am **O**live **O**ctopus.

It is an **o**ctagon shape.

It's me! **O**strich!

Two pieces for **O**tter!

mno

Phonogram 013 - 015

'm, n, o'로 시작하는 단어들을 복습해요.
스토리 애니메이션을 보면서 문장들을 큰 소리로 따라 말해보세요.

missy mouse lives underground.

nigel nightowl lives in a nest.

olive octopus lives in a cave.

Where do you live?

Phonogram 016

10th Week

Day 3

___ / ___

Pp

Animal Friend - p

p 발음

p, p, penguin
p, p, penguin
penguin, penguin
"p, p, p"

입술을 붙여 공기를 완전히 차단했다가, 뱃속의 공기를 [ㅍ]하고 내뿜으며 발음해요. 원어민의 발음 영상을 보면서 큰 소리로 따라 하고, 알파벳 모양을 따라 예쁘게 색칠해 보세요.

p Chant

Phonogram 016

P p

Day 4

panda

penguin

pig

pumpkin

'p'로 시작하는 단어들을 알아볼까요?
영상을 보면서 챈트를 따라 해봐요.

Pp

panda

penguin

parrot

pen

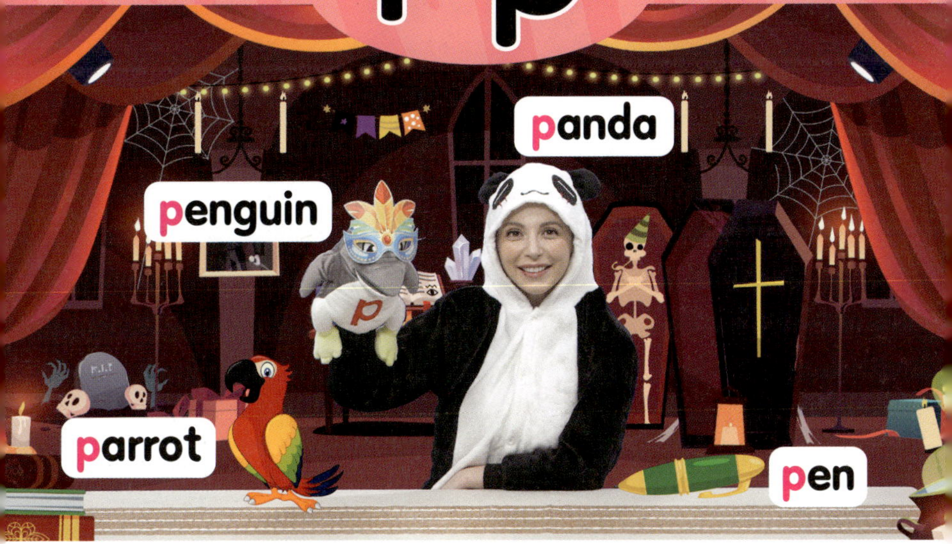

 영상을 보면서 'p'로 시작하는 단어들을 찾아보고, 문장을 따라 말해보세요.

I am Peewee Penguin.

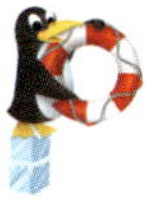

Now, I'm a parrot.

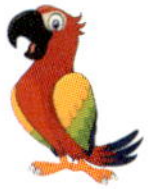

Now, I'm a panda.

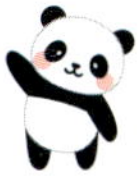

I have a magic pen.

Animal Friend - q q 발음

10th Week
Day 7
___ / ___

Q q

🐦, 🐦, quail
🐦, 🐦, quail
quail, quail
"🐦, 🐦, 🐦"

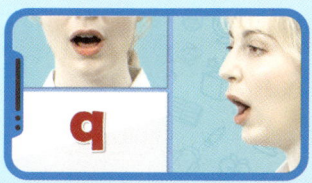

입술을 작은 원으로 둥글게 말아주세요. 'k'와 'w' 소리의 조합과 같이 [쿠워]하고 뱃속의 공기를 내뿜으며 발음해요. 원어민의 발음 영상을 보면서 큰 소리로 따라하고, 알파벳 모양을 따라 색칠해 봐요.

Qq

q Chant

11th Week
Day 1

quail

queen

quill

quilt

'q'로 시작하는 단어들을 알아볼까요?
영상을 보면서 챈트를 따라 해보세요.

Qq

Phonogram 017

11th Week — Day 2

quail queen quarter quilt

 영상을 보면서 'q'로 시작하는 단어들을 찾아보고, 문장을 따라 말해보세요.

Today, I'm the queen!

I brought this quilt.

I will give this quarter.

You made me laugh, Queeny Quail.

Animal Friend - r

r 발음

Phonogram
018

11th Week

Day **4**
___ / ___

Rr

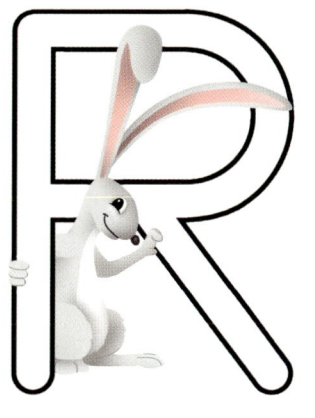

r, r, rabbit
r, r, rabbit
rabbit, rabbit
"r, r, r"

혀끝을 목구멍 안쪽으로 말아 입천장에 닿지 않게 해요. 입술을 약간 둥글게 모아 내민 상태에서 [뤄]라고 소리 내요. 원어민의 발음 영상을 보면서 큰 소리로 따라 하고, 알파벳 모양을 따라 색칠해 보세요.

Rr

r Chant

Phonogram 018

11th Week
Day 5

rabbit

rainbow

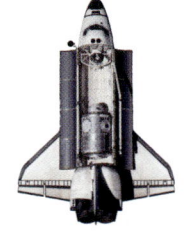
rocket

rose

'r'로 시작하는 단어들을 알아볼까요?
영상을 보면서 챈트를 따라 해봐요.

Phonogram 018

Rr

11th Week
Day 6

r Theater

rainbow
rocket
rabbit
rose

Robby's House

영상을 보면서 'r'로 시작하는 단어들을 찾아보고, 문장을 따라 말해보세요.

My name is Robby Rabbit.

It has seven colors!
Rainbow!

By my rocket!

It's a flower and it's red.
Rose!

Phonogram 018

Rr

11th Week / Day 7

'r'로 시작하는 단어가 들어간 스토리 영상을 보고, 문장들을 따라 말해보세요.

I'm Robby Rabbit.

I'm Rooster.

You have a robot!

See?
I can make a radio.

pqr Story

Review

Phonogram
016 - 018

pqr

12th Week

Day 1

___ / ___

'p, q, r'로 시작하는 단어들을 복습해요.
스토리 애니메이션을 보면서 문장들을 큰 소리로 따라 말해보세요.

Peewee Penguin can ride a sled.

Queeny Quail can ride a bike.

Robby Rabbit can ride a scooter.

Let's go!

Animal Friend - s   s 발음

Phonogram
019

12th Week

Day **2**
___ / ___

S s

s, s, snake

s, s, snake

snake, snake

"s, s, s"

혀끝을 윗니 바로 뒤에 가까이 두되, 닿지 않게 해요. 혀와 입천장이 만든 좁은 틈으로 공기를 밀어 내며 [스] 소리를 내요. 원어민의 발음 영상을 보면서 큰 소리로 따라 하고, 알파벳 모양을 따라 색칠해 보세요.

Phonogram 019

12th Week
Day 3

S s

s Chant

sandwich

seal

soup

sun

's'로 시작하는 단어들을 알아볼까요?
영상을 보면서 챈트를 따라 해봐요.

Phonogram 019

Ss

12th Week — **Day 4**

seal • snake • sandwich • soup

 영상을 보면서 's'로 시작하는 단어들을 찾아보고, 문장을 따라 말해보세요.

My name is Sammy Snake.

I will get sandwiches.

Let's get some soup!

Let's go for a picnic, Seal!

Animal Friend - t   t 발음

Phonogram
020

12th Week

Day **6**

___ / ___

Tt

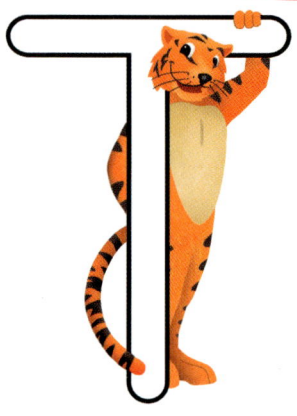 

T, T, Tiger
T, T, Tiger
Tiger, Tiger
"T, T, T"

혀끝을 윗니 뒤에 붙였다가 떼면서 목구멍으로 공기를 세게 내보내며 [ㅌ] 소리를 내요. 원어민의 발음 영상을 보면서 큰 소리로 따라 하고, 알파벳 모양을 따라 예쁘게 색칠해 보세요.

t Chant

Phonogram
020
Tt

12th Week

Day 7
___ / ___

taxi

teepee

tiger

turtle

't'로 시작하는 단어들을 알아볼까요?
영상을 보면서 챈트를 따라 해봐요.

Phonogram 020

Tt

13th Week
Day 1

 영상을 보면서 't'로 시작하는 단어들을 찾아보고, 문장을 따라 말해보세요.

Do you see the top?

My name is Timothy Tiger.

Turtle is almost at the tipi.

I should take a taxi!

Animal Friend - u   u 발음

Phonogram 021

13th Week

Day 3 ___ / ___

Uu

u, u, umbrella bird
u, u, umbrella bird
umbrella bird, umbrella bird
"u, u, u"

입을 살짝 벌리고, 힘을 뺀 상태에서 소리를 내요. 우리말의 [어]와 [아]의 중간 발음과 비슷한 소리가 나요. 원어민의 발음 영상을 보면서 큰 소리로 따라 하고, 알파벳 모양을 따라 색칠해 보세요.

Uu

umbrella bird

umpire

uphill

underwater

'u'로 시작하는 단어들을 알아볼까요?
영상을 보면서 챈트를 따라 해봐요.

Phonogram 021

13th Week
Day 5
___ / ___

Uu

umbrella bird

umpire

uphill

underwarter

👩 영상을 보면서 'u'로 시작하는 단어들을 찾아보고, 문장을 따라 말해보세요.

I am **U**mber **U**mbrella Bird.

I will go **u**phill!

Oh! Hi, **U**mpire!

Under the water!

Phonogram 019 - 021

13th Week

Day 7

stu Story

stu

's, t, u'로 시작하는 단어들을 복습해요.
스토리 애니메이션을 보면서 문장들을 큰 소리로 따라 말해보세요.

Sammy Snake wants some soup.

Timothy Tiger wants some meat.

Umber Umbrella bird wants some fruits.

Let's go shopping!

 Animal Friend - v
 v 발음

Phonogram
022

 14th Week
Day 1
___ / ___

Vv

v, v, vampire bat
v, v, vampire bat
vampire bat, vampire bat
"v, v, v"

'f' 발음을 할 때처럼 윗니를 아랫입술에 살짝 대세요. 치아와 입술 사이의 작은 틈으로 공기를 밀어내며 [ㅂ]라고 발음해요. 원어민의 발음 영상을 보면서 큰 소리로 따라 하고, 알파벳 모양을 따라 색칠해 봐요.

Vv

v Chant

Day 2

valentine

vine

vitamin

volcano

'v'로 시작하는 단어들을 알아볼까요?
영상을 보면서 챈트를 따라 해보세요.

Phonogram 022

Vv

v Theater — 14th Week, Day 3

Vampire bat
vines
volcano
valentine

영상을 보면서 'v'로 시작하는 단어들을 찾아보고, 문장을 따라 말해보세요.

My name is **V**incent **V**ampire bat.

Happy **V**alentine's Day!

I need to fly across the **v**ines.

It's a **v**olcano.

Phonogram 023

Ww

w, w, weasel
w, w, weasel
weasel, weasel
"w, w, w"

입을 동그랗게 모아 앞으로 내밀어요. 혀를 입천장 쪽으로 올려 공기를 내보내며 [우]라고 발음해요. 원어민의 발음 영상을 보면서 큰 소리로 따라 하고, 알파벳 모양을 따라 예쁘게 색칠해 보세요.

Phonogram 023

Ww

14th Week
Day **6**

w Chant

walrus

weasel

wolf

worm

'w'로 시작하는 단어들을 알아볼까요?
영상을 보면서 챈트를 따라 해봐요.

Phonogram 023

Ww

14th Week
Day 7
___ / ___

w Theater

영상을 보면서 'w'로 시작하는 단어들을 찾아보고, 문장을 따라 말해보세요.

My name is Willie Weasel.

Hi, Walrus!
Where do you live?

I live in the water!

There's Worm coming.

Animal Friend - x   x 발음

024

Xx

Day 2
___ / ___

x, x, fox
x, x, fox
fox, fox
"x, x, x"

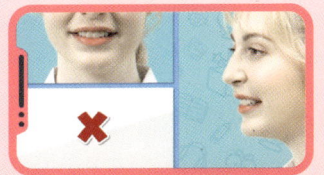

우선 혀를 입천장 뒤쪽 부분에 닿았다 놓으며 'k' 소리를 내요. 바로 이어서 뱀이 쉿쉿 소리를 내는 듯한 's' 소리를 붙여서 발음해요. 원어민의 발음 영상을 보면서 큰 소리로 따라 하고, 알파벳 모양을 따라 예쁘게 색칠해 봐요.

x Chant

024

Xx

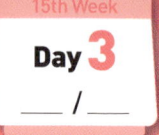
15th Week
Day 3
___ / ___

box **fox**

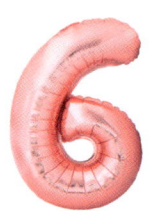

six **ox**

'x'로 끝나는 단어들을 알아볼까요?
영상을 보면서 챈트를 따라 해봐요.

Phonogram 024

Xx

15th Week
Day 4
___ / ___

x Theater

fox

six

ox

box

영상을 보면서 'x'로 끝나는 단어들을 찾아보고, 문장을 따라 말해보세요.

I am Xavier Fox.

I would like to call Ox!

Give me the question number six!

I won the gift box!

vwx

'v, w, x'로 시작하거나 끝나는 단어들을 복습해요.
스토리 애니메이션을 보면서 문장들을 큰 소리로 따라 말해보세요.

Vincent vampire bat drinks juice.

Willie weasel drinks water.

Xavier fox drinks milk.

Help yourself.

Animal Friend - y   y 발음

Phonogram 025

Yy

15th Week
Day 7
___ / ___

y, y, yak
y, y, yak
yak, yak
"y, y, y"

혀를 높게 들어 올려 [이]라고 준비하다가, 혀의 양쪽을 윗어금니에 밀착시켜 [여]라고 발음해요. 원어민의 발음 영상을 보면서 큰 소리로 따라 하고, 알파벳 모양을 따라 예쁘게 색칠해 보세요.

y Chant

Phonogram 025

Yy

16th Week
Day 1
___ / ___

yacht

yak

yam

yogurt

'y'로 시작하는 단어들을 알아볼까요?
영상을 보면서 챈트를 따라 해봐요.

Yy

Phonogram 025

16th Week
Day 2
___ / ___

y Theater

Food

yak
yacht
yo-yo
yogurt

 영상을 보면서 'ㅣ'로 시작하는 단어들을 찾아보고, 문장을 따라 말해보세요.

My name is Yancy Yak.   May I get some yogurt, please?

How about a yo-yo?    Enjoy your yacht trip.

Phonogram 026

Zz

Day 4

z, z, zebra
z, z, zebra
zebra, zebra
"z, z, z"

혀끝을 윗니 바로 뒤에 가깝게 두지만, 닿지 않게 해요. 혀와 입천장이 만든 작은 틈으로 혀끝을 진동시키듯 공기를 내뱉으며 [ㅈ] 소리를 내요. 원어민의 발음 영상을 보면서 큰 소리로 따라 하고, 알파벳 모양을 따라 예쁘게 색칠해 봐요.

Phonogram 026

Zz

16th Week
Day 5

z Chant

zebra

zinnia

zipper

zoo

'z'로 시작하는 단어들을 알아볼까요?
영상을 보면서 챈트를 따라 해보세요.

Phonogram 026

Zz

Day 6

영상을 보면서 'z'로 시작하는 단어들을 찾아보고, 문장을 따라 말해보세요.

Welcome to the zoo!

Here is the zinnia flower!

I am Zeke Zebra!

Zero degree?

yz Story

Review
Phonogram 025 - 026

17th Week
Day 1
___ / ___

yz

'y, z'로 시작하는 단어들을 복습해요.
스토리 애니메이션을 보면서 문장들을 큰 소리로 따라 말해보세요.

Yancy yak likes December.

Zeke zebra likes January.

They like snow.

We like winter.

Alphabet

17th Week
Day 2

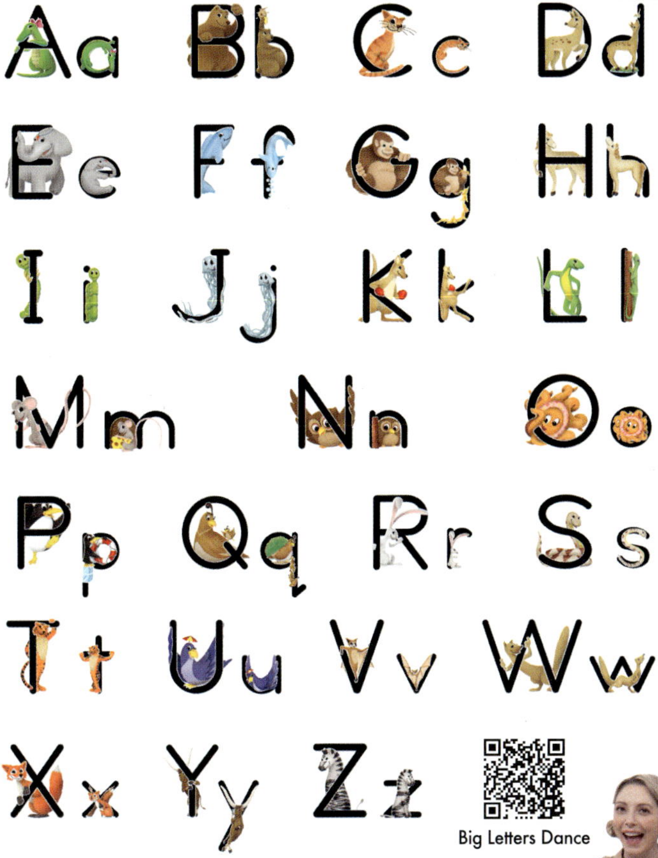

Aa Bb Cc Dd
Ee Ff Gg Hh
Ii Jj Kk Ll
Mm Nn Oo
Pp Qq Rr Ss
Tt Uu Vv Ww
Xx Yy Zz

Big Letters Dance

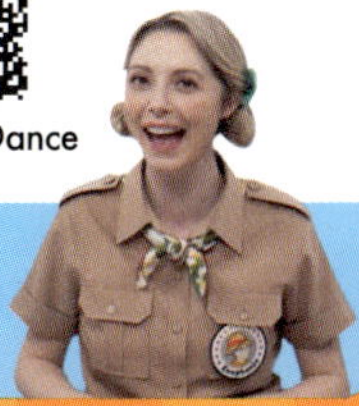

원어민 영상을 보면서 알파벳 동물 노래와 율동을 따라 해보세요.
동물들의 모양과 소리를 떠올리며 a부터 z까지 복습해요.

More Words

Review Phonogram 001 - 006

17th Week

Day 3 ___ / ___

abcdef

animal

ballerina

camping **c**ar

dog

egg

flower

원어민 영상을 보면서 a~f로 시작하는 단어들을 찾아보고, 따라 말해봐요.

# Review
007 - 012
ghijkl

17th Week **Day 4** ___ / ___

More Words

gum

hat

infant

jewel

koala

love

원어민 영상을 보면서 g~l로 시작하는 단어들을 찾아보고, 따라 해보세요.

mnopqrs

mom

news

orange

pajama

question mark

rainbow

skate

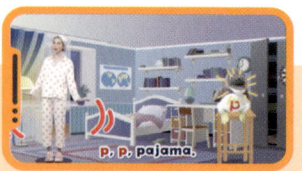

원어민 영상을 보면서 m~s로 시작하는 단어들을 찾아보고, 따라 말해봐요.

Review

Phonogram 020 - 026

Day **6**

tuvwxyz

taxi

umbrella

volcano

world

bo**x**

yellow

zoo

원어민 영상을 보면서 t~z로 시작하거나 끝나는 단어들을 찾아보고, 따라 해보세요.

phonogram
001 - 026

Consonant + Vowel + Consonant

자음 + 모음 + 자음

CVC

17th Week
Day 7

t + u + b = "tub"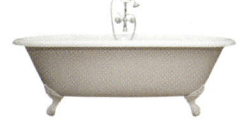

What does **a**llie have? **a**llie has a **tub**.

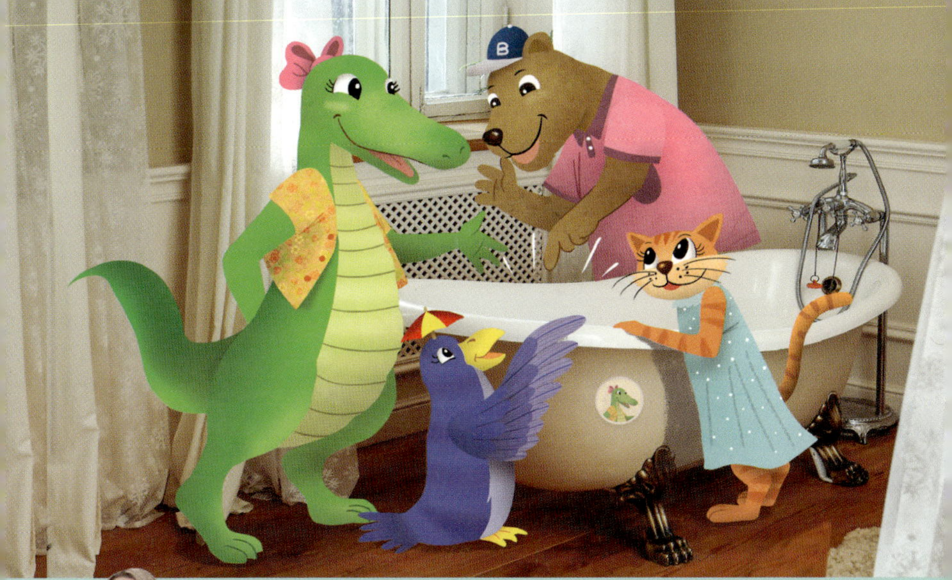

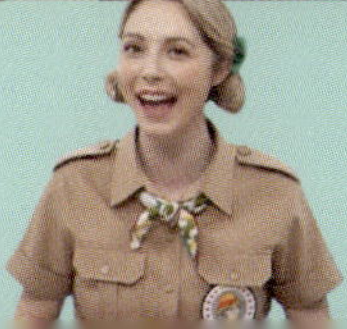

자음(Consonant) + 모음(Vowel) + 자음(Consonant)으로 이루어진 단어를 알아볼까요? 영상을 보면서 알파벳들이 모여 어떤 소리와 단어를 만드는지 잘 살펴보세요.

CVC

18th Week
Day 1

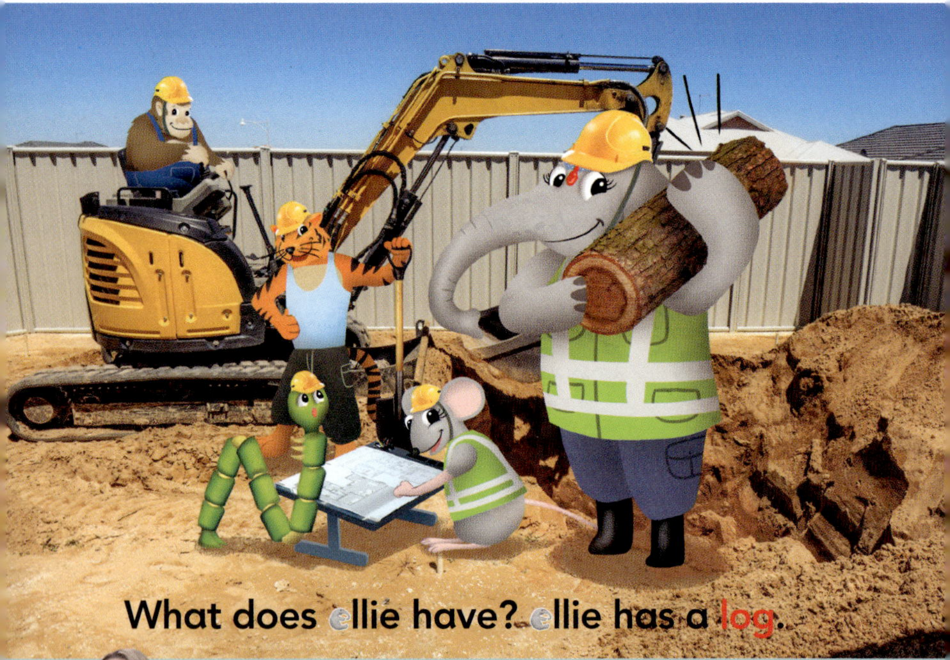

What does ellie have? ellie has a log.

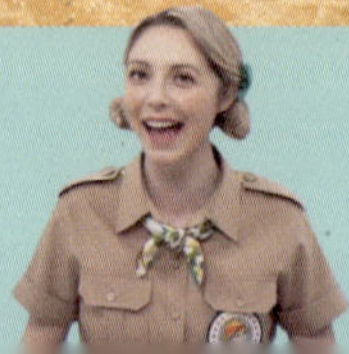

알파벳들이 모여 어떤 소리와 단어를 만드는지 영상으로 살펴볼까요?
자음(Consonant) + 모음(Vowel) + 자음(Consonant)으로 이루어진
단어를 만나봐요.

CVC

18th Week
Day 2

f + i + n = "fin"

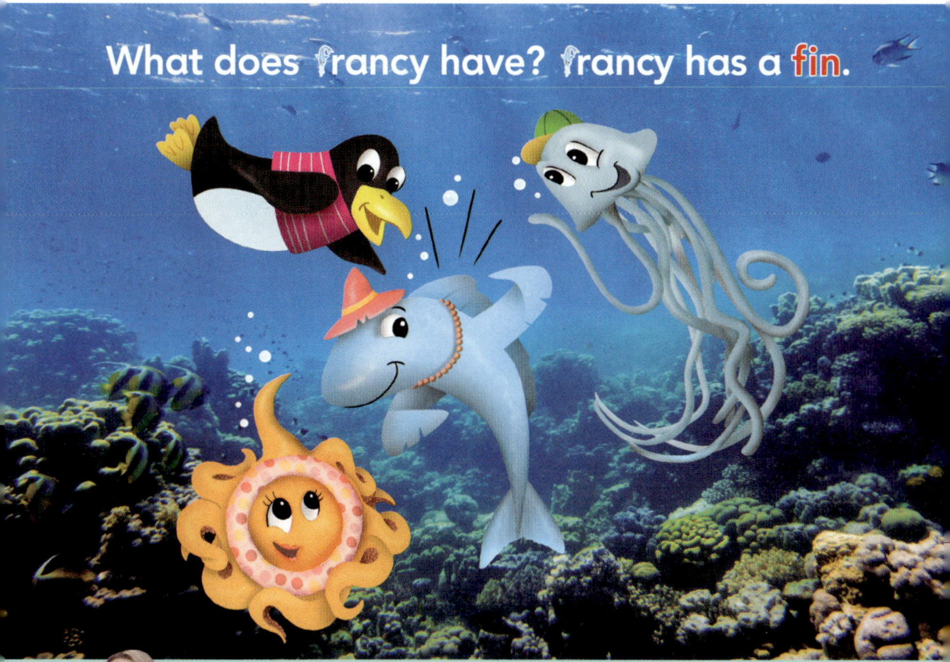

What does francy have? francy has a fin.

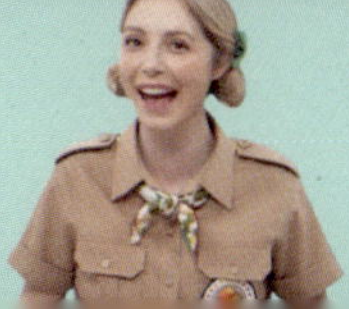

자음(Consonant) + 모음(Vowel) + 자음(Consonant)으로 이루어진 단어를 알아볼까요? 영상을 보면서 알파벳들이 모여 어떤 소리와 단어를 만드는지 잘 살펴보세요.

18th Week
Day 3
___ / ___

h + a + t = "hat"

What does honey have? honey has a hat.

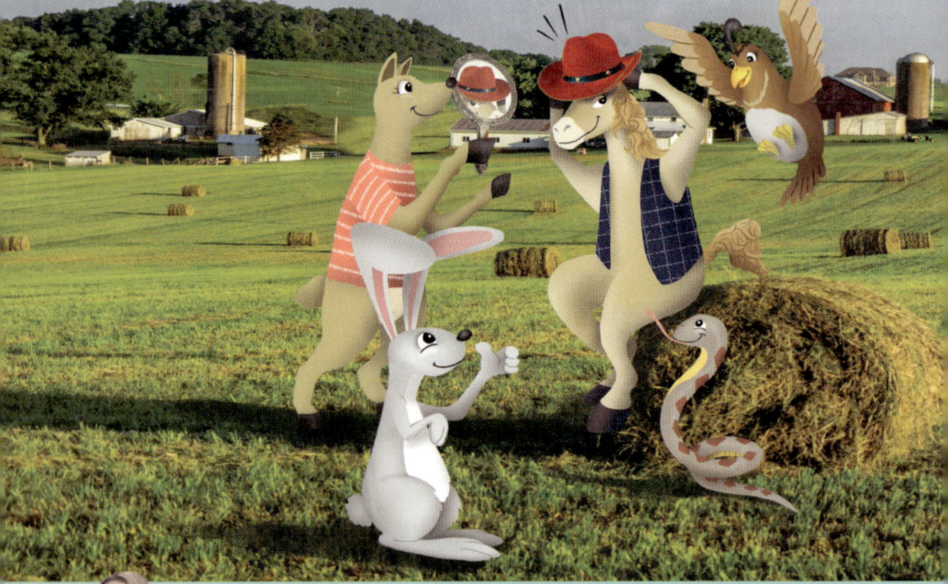

알파벳들이 모여 어떤 소리와 단어를 만드는지 영상으로 살펴볼까요?
자음(Consonant) + 모음(Vowel) + 자음(Consonant)으로 이루어진 단어를 만나봐요.

CVC

18th Week
Day 4
___ / ___

c + u + p = "cup"

What does Kayo have? Kayo has a cup.

자음(Consonant) + 모음(Vowel) + 자음(Consonant)으로 이루어진 단어를 알아볼까요? 영상을 보면서 알파벳들이 어떤 소리와 단어를 만드는지 잘 살펴보세요.

CVC

Day 5
18th Week

w + i + g = "wig"

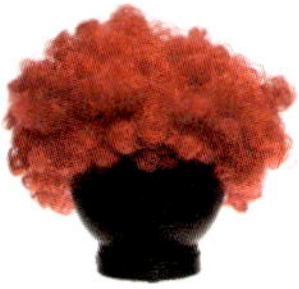

What does Zeke have? Zeke has a wig.

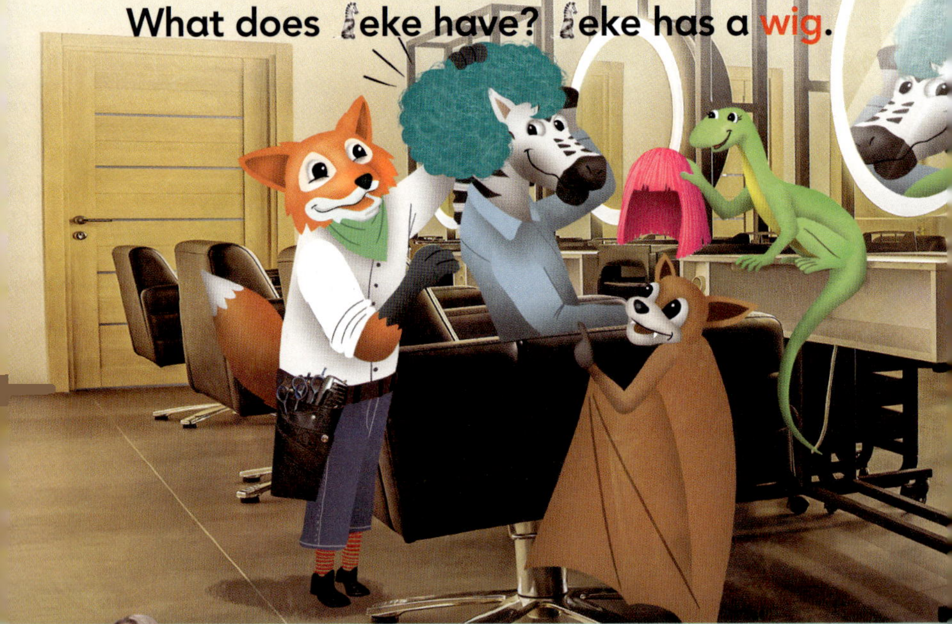

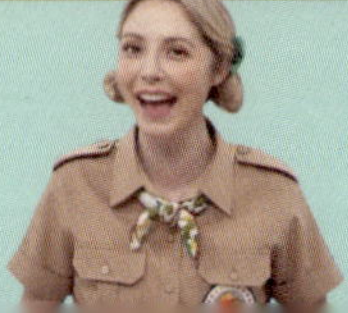

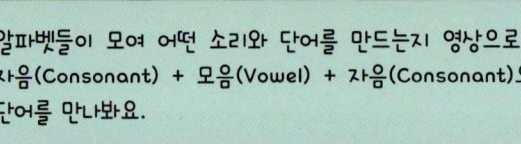

알파벳들이 모여 어떤 소리와 단어를 만드는지 영상으로 살펴볼까요?
자음(Consonant) + 모음(Vowel) + 자음(Consonant)으로 이루어진 단어를 만나봐요.

CVC

18th Week
Day 6

 스토리 애니메이션을 보면서 다음 단어들을 큰 소리로 따라 해보세요.

 tub
 log
 fin
 hat
 cup
 wig

We have friends!

027 - 053

Short Vowels

단모음

Phonogram 027

18th Week
Day 7

ad

ad Dance

sad

dad

mad

'ad'로 끝나는 단어들을 알아볼까요?
원어민 율동 영상을 보면서 단어를
큰 소리로 따라 해봐요.

Phonogram 027

ad

ad Story

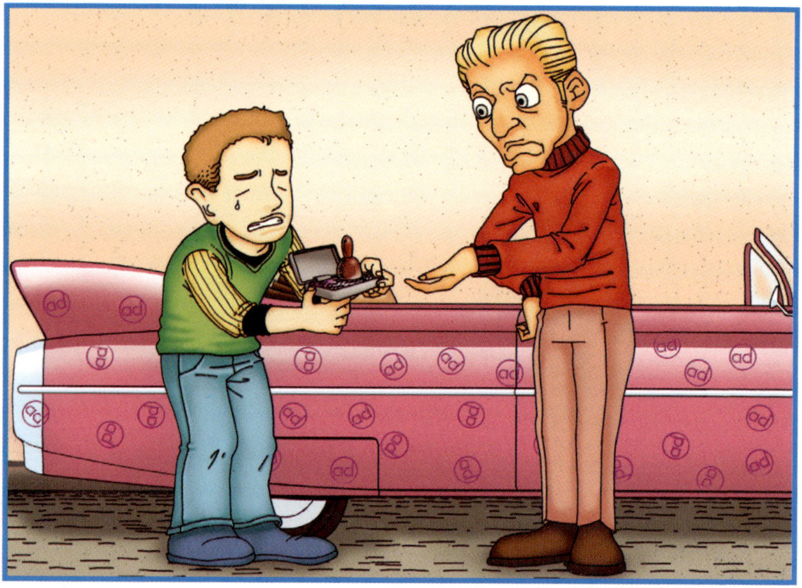

The sad lad had a pad.
He hands it to his mad dad.

스토리 영상을 보면서 'ad' 소리가 들어있는 단어들을 찾아 'ad'에 동그라미 하고, 문장을 또박또박 따라 말해보세요.

at Dance

Phonogram 028

at

Day 2

fat

cat

hat

'at'로 끝나는 단어들을 알아볼까요? 원어민 율동 영상을 보면서 단어를 큰 소리로 따라 해봐요.

at

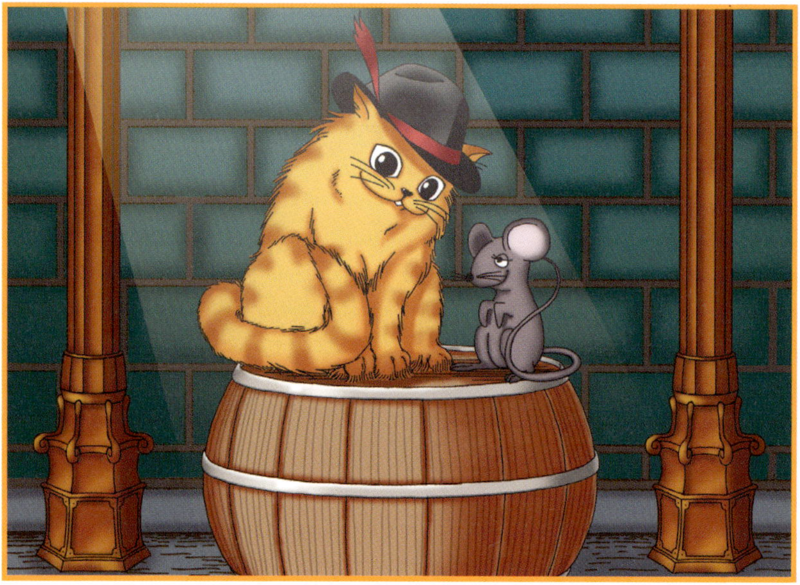

The fat cat had a hat.
He sat on a vat with a rat.

스토리 영상을 보면서 'at' 소리가 들어있는 단어들을 찾아 'at'에 동그라미 하고, 문장을 또박또박 따라 하세요.

an

an Chant

Day 4

can

fan

van

 'an'으로 끝나는 단어들을 알아볼까요?
영상을 보면서 챈트를 따라 해봐요.

an Story

029

19nd Week

Day 5
___ / ___

an

the sun
It is hot!

a **fan** and a **can**
What do you need?

A lad is in the sun.
"I feel hot!"

A lad has a **can** and a **fan**.
"It is cool!"

스토리 영상을 보면서 'an' 소리가 들어있는 단어들을 찾아 'an'에 동그라미 하고, 문장을 또박또박 따라 말해봐요.

ap Chant

Phonogram
030

19th Week

Day **6**
___ / ___

ap

m**ap**

n**ap**

r**ap**

'ap'으로 끝나는 단어들을 알아볼까요?
영상을 보면서 챈트를 따라 해봐요.

ap Story

Phonogram
030

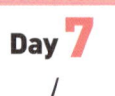

19th Week

Day 7
___ / ___

ap

Yancy Yak can rap.

Yancy Yak can bat.

But can Yak nap?

Yak cannot nap yet.

스토리 영상을 보면서 'ap' 소리가 들어있는 단어들을 찾아 'ap'에 동그라미 하고, 문장을 따라 말해봐요.

Phonogram 031

20th Week

Day 1

am

ham

jam

yam

 'am'으로 끝나는 단어들을 알아볼까요? 영상을 보면서 챈트를 따라 해봐요.

am Story

Phonogram
031

20th Week

Day **2**

___ / ___

am

On the desk is a ham and a yam.

On a box is jam in a can.

Xavier Fox sups on ham, yams and jam.

A well-fed and fat fox naps on a cot.

스토리 영상을 보면서 'am' 소리가 들어있는 단어들을 찾아 'am'에 동그라미 하고, 문장을 따라 말해보요.

Phonogram 032

20th Week
Day 3

ag Chant

ag

bag

tag

wag

'ag'로 끝나는 단어들을 알아볼까요?
영상을 보면서 챈트를 따라 해봐요.

ag Story

Phonogram
032

20th Week

Day 4
___ / ___

ag

Honey Horse has a **bag**.

The **bag** has a **tag** and can **wag**.
As the **bag wag**s, it **sag**s.

Honey can pass the **bag** as it **wag**s and **sag**s.

The man tips his cap.
Honey tips the man.

스토리 영상을 보면서 'ag' 소리가 들어있는 단어들을 찾아 'ag'에 동그라미 하고, 문장을 따라 말해보요.

Phonogram 033
ab

20th Week — Day 5

ab Chant

 cab

 gab

 tab

 'ab'으로 끝나는 단어들을 알아볼까요?
영상을 보면서 챈트를 따라 해봐요.

Phonogram 033

ab

ab Story

20th Week
Day 6

Missy Mouse gabs and yaks.
"Bla bla bla, bla bla bla."

Missy Mouse yaks and gabs.
"Bla bla bla, bla bla bla."

Missy Mouse gets a nut and a bun.
"Yummy, yum, yum!"

Missy cannot yak and gab.
"Mmmmmmm."

스토리 영상을 보면서 'ab' 소리가 들어있는 단어들을 찾아 'ab'에 동그라미 하고, 문장을 따라 말해봐요.

Review

Phonogram
027 - 033

20th Week

Day 7
___ / ___

Short 'a'

Allie can bat.

Allie has fans.

Pam ran. Fast Pam!

Pam sat. "I am a loser."

Cheer up! Cheer up!
Cheer up, Pam!

단모음 'a'가 들어가 있는 단어들을 복습해요.
스토리 영상을 보면서 'am, an, at'가 들어있는 단어들을 찾아보세요.

Short 'a' Story

Review

Phonogram
027 - 033

Short 'a'

21st Week

Day **1**
___ / ___

The cab is sad.
It has a flat and a crack in the glass.

The cab can't help.

Bubba is mad.
The lad is sad.

Bubba and the lad must run.

단모음 'a'가 들어가 있는 단어들을 복습해요.
스토리 영상을 보면서 'ab, ad, at'가 들어있는 단어들을 찾아보세요.

Phonogram 034

et

et Dance

21st Week
Day 2
___ / ___

w**et**

j**et**

n**et**

'et'로 끝나는 단어들을 알아볼까요?
원어민 율동 영상을 보면서 단어를
큰 소리로 따라 해봐요.

Phonogram 034

et

21st Week — Day 3

The wet pet sat in a jet.
A man sat on a net.

스토리 영상을 보면서 'et' 소리가 들어있는 단어들을 찾아 'et'에 동그라미 하고, 문장을 또박또박 따라 말해보세요.

et Story

Phonogram 034

et

21st Week
Day 4
___ / ___

my pet, Jet

the vet

Jet met his pal the vet.

The vet let my pet get wet.

스토리 영상을 보면서 'et' 소리가 들어있는 단어들을 찾아 'et'에 동그라미 하고, 문장을 따라 말해봐요.

Phonogram 035

21st Week

Day 5

en

 **ten**

 **hen**

 **men**

'en'으로 끝나는 단어들을 알아볼까요?
원어민 율동 영상을 보면서 단어를
큰 소리로 따라 해봐요.

Phonogram 035

21st Week
Day 6
___ / ___

en

Ten men in a **den** with **ten hen**s.

  스토리 영상을 보면서 'en' 소리가 들어있는 단어들을 찾아 'en'에 동그라미 하고, 문장을 또박또박 따라 하세요.

Phonogram 036

21st Week
Day 7
___ / ___

ed

 **bed**

 **red**

 **ted**

 'ed'로 끝나는 단어들을 알아볼까요?
영상을 보면서 챈트를 따라 해봐요.

eg Chant

Phonogram 037

22nd Week
Day 1
___ / ___

eg

beg

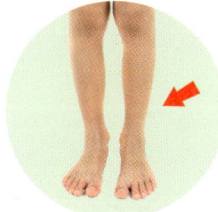
leg

keg

'eg'로 끝나는 단어들을 알아볼까요?
영상을 보면서 챈트를 따라 해봐요.

Short 'e' Story

Review

Phonogram
034 - 037

22nd Week
Day 2
___ / ___

Short 'e'

the red hen

a pen

The red hen has a pen.
"I have a pen!"

The red hen sits in the den.
Sits in the den!

단모음 'e'가 들어가 있는 단어들을 복습해요.
스토리 영상을 보면서 'ed, en'이 들어있는 단어들을 찾아보세요.

Short 'e'

Ellie Elephant's pal is a hen.

The hen is in the pen.

The hen hands Ellie an egg.
The egg is on Ellies leg.

The hen helps Ellie's act.
The act is a big hit.

단모음 'e'가 들어가 있는 단어들을 복습해요.
스토리 영상을 보면서 'eg, en'으로 끝나는 단어들을 찾아보세요.

Short 'e' Story

Review

Phonogram
034 - 037

22nd Week

Day 4
___ / ___

Short 'e'

Ellie gets ten hens.

Ellie gets ten eggs.

Ben gets Ellie's ten hens.

Ben gets ten eggs.

단모음 'e'가 들어가 있는 단어들을 복습해요.
스토리 영상을 보면서 'et, en'이 들어있는 단어들을 찾아보세요.

id Dance

Phonogram
038
id

22nd Week
Day 5
___ / ___

kid

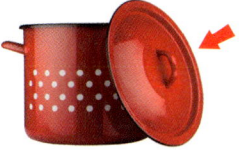
lid

hid

'id'로 끝나는 단어들을 알아볼까요?
원어민 율동 영상을 보면서 단어를
큰 소리로 따라 해봐요.

Phonogram 038

id

Day **6**

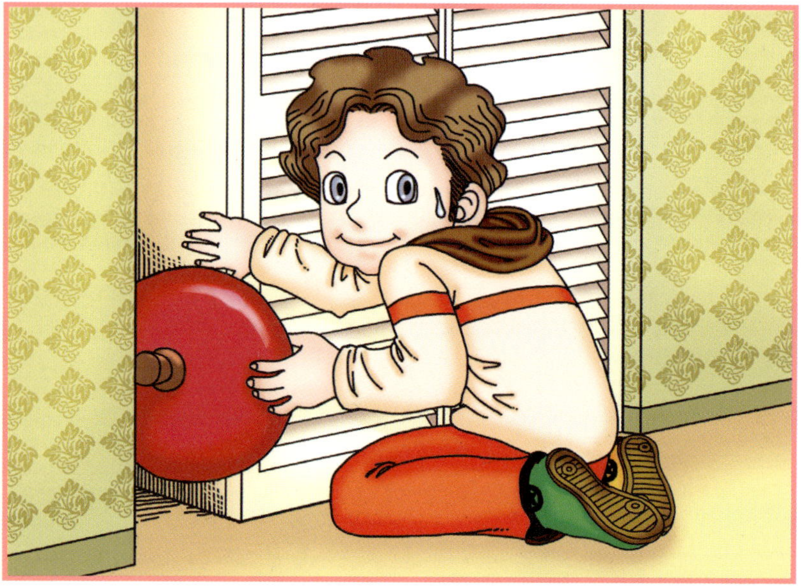

A kid got a lid and he hid it!

스토리 영상을 보면서 'id' 소리가 들어있는 단어들을 찾아 'id'에 동그라미 하고, 문장을 또박또박 따라 말해보세요.

Phonogram 039

ip

22nd Week
Day 7
___ / ___

ip Dance

dip

hip

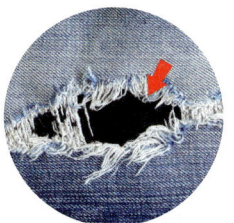
rip

'ip'로 끝나는 단어들을 알아볼까요?
원어민 율동 영상을 보면서 단어를
큰 소리로 따라 해봐요.

Phonogram 039
ip

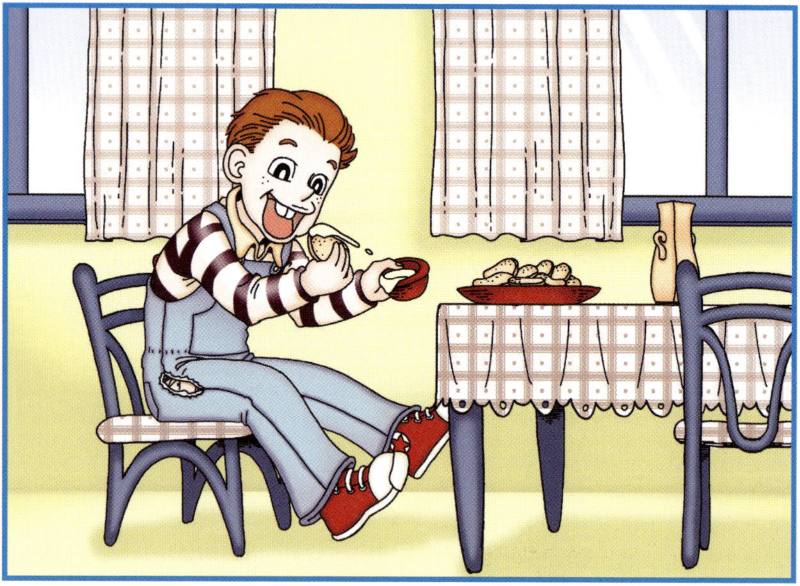

A kid dips a chip.
And he ripped his pants at the hip.

스토리 영상을 보면서 'ip' 소리가 들어있는 단어들을 찾아 'ip'에 동그라미 하고, 문장을 또박또박 따라 하세요.

ig Chant

Phonogram 040

ig

23rd Week

Day 2
___ / ___

big

jig

pig

'ig'로 끝나는 단어들을 알아볼까요?
영상을 보면서 챈트를 따라 해봐요.

ig Story

Phonogram
040

ig

23rd Week

Day 3
___ / ___

the pig
"Oink, oink!"

a wig, a big wig

The pig has a big wig.
"It's too big!"

Can the pig jig in the big wig?
Sure it can!

스토리 영상을 보면서 'ig' 소리가 들어있는 단어들을
찾아 'ig'에 동그라미 하고, 문장을 따라 말해봐요.

in Chant

Phonogram
041

in

23rd Week
Day 4
___ / ___

 **pin**

 **tin**

 **grin**

 'in'으로 끝나는 단어들을 알아볼까요?
영상을 보면서 챈트를 따라 해봐요.

in Story

Phonogram 041

in

23rd Week

Day 5

___ / ___

Inny Inchworm can't hop,
can't skip, can't flit.

But, Inny is fast and wins.
Inny has skill.

Inny wins a pin.
His pin is tin.

Inny grins and grins.

스토리 영상을 보면서 'in' 소리로 끝나는 단어들을
찾아 'in'에 동그라미 하고, 문장을 따라 말해봐요.

Phonogram 042

it

23rd Week
Day **6**
___ / ___

it Chant

s**it**

f**it**

h**it**

'it'로 끝나는 단어들을 알아볼까요?
영상을 보면서 챈트를 따라 해봐요.

ix Chant

Phonogram
043
ix

23rd Week

Day 7
___ / ___

 **fix**

 **mix**

 **six**

'ix'로 끝나는 단어들을 알아볼까요?
영상을 보면서 챈트를 따라 해봐요.

Short 'i'

Inny is in his bin.

Inny's bin is big.

Inny's pigs sit in his bin.
"Oink, oink, oink, oink!"

Inny's six pigs fit in his bin.
One, two, three, four,
five and six!

단모음 'i'가 들어가 있는 단어들을 복습해요.
스토리 영상을 보면서 'ig, in, it, ix'가 들어있는 단어들을 찾아보세요.

Review
038 - 043

Short 'i'

24th Week

Day **2**
___ / ___

The sun is hot.

Willie Weasel s**it**s on a mat and gets a tan.

Willie s**ip**s a pop.

Willie d**ip**s and gets wet.

단모음 'i'가 들어가 있는 단어들을 복습해요.
스토리 영상을 보면서 'it, ip'가 들어있는 단어들을 찾아보세요.

og

og Dance

 d**og**

 j**og**

 f**og**

'og'로 끝나는 단어들을 알아볼까요?
원어민 율동 영상을 보면서 단어를
큰 소리로 따라 해봐요.

Phonogram 044

24th Week

Day 4 ___ / ___

og Story

og

A dog is on a jog in the fog.

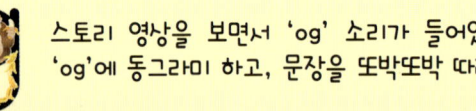

스토리 영상을 보면서 'og' 소리가 들어있는 단어들을 찾아 'og'에 동그라미 하고, 문장을 또박또박 따라 말해보세요.

og

the dog

a log

The dog is on the log in the bog.

The dog and his pal sit on the log in the fog.

스토리 영상을 보면서 'og' 소리가 들어있는 단어들을 찾아 'og'에 동그라미 하고, 문장을 따라 말해봐요.

op Dance

Phonogram 045

24th Week

Day 6

op

mop

top

hop

'op'로 끝나는 단어들을 알아볼까요? 원어민 율동 영상을 보면서 단어를 큰 소리로 따라 해봐요.

op Story

Phonogram
045

24th Week

Day **7**

___ / ___

op

A wet mop and a red top hop.

  스토리 영상을 보면서 'op' 소리가 들어있는 단어들을 찾아 'op'에 동그라미 하고, 문장을 또박또박 따라 해보세요.

Phonogram 046

ot

ot Chant

25th Week
Day 1
___ / ___

hot

pot

not

'ot'로 끝나는 단어들을 알아볼까요?
영상을 보면서 챈트를 따라 해봐요.

ot Story

Phonogram 046

ot

25th Week

Day 2
___ / ___

Olive Octopus has a pot.

The pot is hot!
But Olive hops and bops.

The pot is hot.
But Olive will not drop the pot.

Olive stops and sets the pot on top of the pad.

스토리 영상을 보면서 'ot' 소리가 들어있는 단어들을 찾아 'ot'에 동그라미 하고, 문장을 따라 말해봐요.

ox

box

fox

sox

 'ox'로 끝나는 단어들을 알아볼까요?
영상을 보면서 챈트를 따라 해봐요.

ox Story

Phonogram
047

25th Week
Day **4**
___ / ___

ox

sox

a box

sox in a box

The fox has six sox in his box.

Do you have a box?
Do you have six sox?

스토리 영상을 보면서 'ox' 소리가 들어있는 단어들을
찾아 'ox'에 동그라미 하고, 문장을 따라 해보세요.

Short 'o' Story

Phonogram
044 - 047

Review

25th Week
Day 5
___ / ___

Short 'o'

Olive's mom jogs.

Olive's mom got hot.
"I feel hot!"

Olive mops mom's hot mop.

Olive bops.

단모음 'o'가 들어가 있는 단어들을 복습해요.
스토리 영상을 보면서 'og, op, ot'가 들어있는 단어들을 찾아보세요.

Short 'o' Story

Review

Phonogram
044 - 047

25th Week
Day **6**
___ / ___

Short 'o'

Ellie and Ben can jig.

Ellie is h**ot**, Ben is n**ot**.

Ellie sits on a rug,
sips and gabs.

But Ben is hip and h**op**s
and h**op**s.

단모음 'o'가 들어가 있는 단어들을 복습해요.
스토리 영상을 보면서 'ot, op'가 들어있는 단어들을 찾아보세요.

ug Dance

Phonogram
048

25th Week

Day 7
___ / ___

ug

bug

mug

hug

'ug'로 끝나는 단어들을 알아볼까요?
원어민 율동 영상을 보면서 단어를
큰 소리로 따라 해봐요.

ug Story

Phonogram 048

26th Week

Day 1 ___ / ___

ug

A bug hugs a mug on a rug.

스토리 영상을 보면서 'ug' 소리가 들어있는 단어들을 찾아 'ug'에 동그라미 하고, 문장을 따라 또박또박 말해보세요.

ug

the bug, a cute bug

a rug, a magic rug

The bug hugs his rug.

The bug sits on his rug.
"I like fly on the rug."

스토리 영상을 보면서 'ug' 소리가 들어있는 단어들을 찾아 'ug'에 동그라미 하고, 문장을 따라 말해봐요.

Phonogram 049

26th Week
Day 3

up

up Dance

pup

cup

up

'up'로 끝나는 단어들을 알아볼까요? 원어민 율동 영상을 보면서 단어를 큰 소리로 따라 해봐요.

Phonogram 049

26th Week

Day **4**

___ / ___

up

A pet pup had a cup.
And a pup puts a cup up.

  스토리 영상을 보면서 'up' 소리가 들어있는 단어들을 찾아 'up'에 동그라미 하고, 문장을 또박또박 따라 말해봐요.

Phonogram 049

26th Week

Day 5

___ / ___

up

The pup, bow-wow!

a cup

The pup is in the cup.

Did the pup sup in the cup?
I think so.

스토리 영상을 보면서 'up' 소리가 들어있는 단어들을
찾아 'up'에 동그라미 하고, 문장을 따라 해보세요.

Phonogram 050

26th Week
Day **6**
___ / ___

un

un Chant

f**un**

r**un**

s**un**

 'un'으로 끝나는 단어들을 알아볼까요?
영상을 보면서 챈트를 따라 해봐요.

Phonogram 050

un

26th Week — Day 7

un Story

Allie Alligator has pals.

Pam is a pal.

I have a hat.
I have a fan.

Allie has a hat and Pam has a fan.

The pals sit in the sun.
It is fun!

스토리 영상을 보면서 'un' 소리가 들어있는 단어들을 찾아 'un'에 동그라미 하고, 문장을 따라 말해봐요.

um Chant

Phonogram 051

27th Week

Day 1

um

g**um**

h**um**

y**um**

'um'으로 끝나는 단어들을 알아볼까요?
영상을 보면서 챈트를 따라 해봐요.

um Story

um

Kayo Kangaroo is a pet and is fun.

Kayo hums and strums.

Kayo hits a drum.

Kayo and the kids hum a song. "Hmm, hmm, hmm."

스토리 영상을 보면서 'um' 소리가 들어있는 단어들을 찾아 'um'에 동그라미 하고, 문장을 따라 해보세요.

ub

 **cub**

 **rub**

 **sub**

'ub'로 끝나는 단어들을 알아볼까요?
영상을 보면서 챈트를 따라 해봐요.

ut Chant

Phonogram
053

ut

27th Week

Day 4

___ / ___

cut

hut

nut

'ut'로 끝나는 단어들을 알아볼까요?
영상을 보면서 챈트를 따라 해봐요.

Short 'u' Story

Phonogram
048 - 053

27th Week

Day 5
___ / ___

Short 'u'

Umber Umbrella Bird has gum.

"Fffff." "Pop!"
Try again!
"Pfffff." "Pop!"

Umber tugs at the gum.

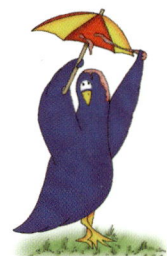

Umber rubs off the gum.

단모음 'u'가 들어가 있는 단어들을 복습해요.
스토리 영상을 보면서 'ub, ug, um'으로 끝나는 단어들을 찾아보세요.

Short 'u' Story

Review

Phonogram 048 - 053

27th Week

Day **6**

___ / ___

Short 'u'

Umber's pup Gus runs.
Run Gus, run!

Umber hugs Gus.

Gus dug up mud.
"Oh, no!"

Gus dug mud.
"Fun, fun, fun!"

단모음 'u'가 들어가 있는 단어들을 복습해요.
스토리 영상을 보면서 'ug, un, up'가 들어있는 단어들을 찾아보세요.

Story Chant

Phonogram 027 - 043

27th Week

Day 7

Short Vowels

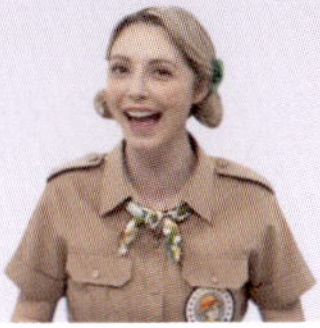

스토리 영상을 보면서 'at'가 들어있는 단어들을 찾아보세요.
발음에 집중하여 큰 소리로 문장을 따라 해보세요.

cat **hat** **mat** **rat**

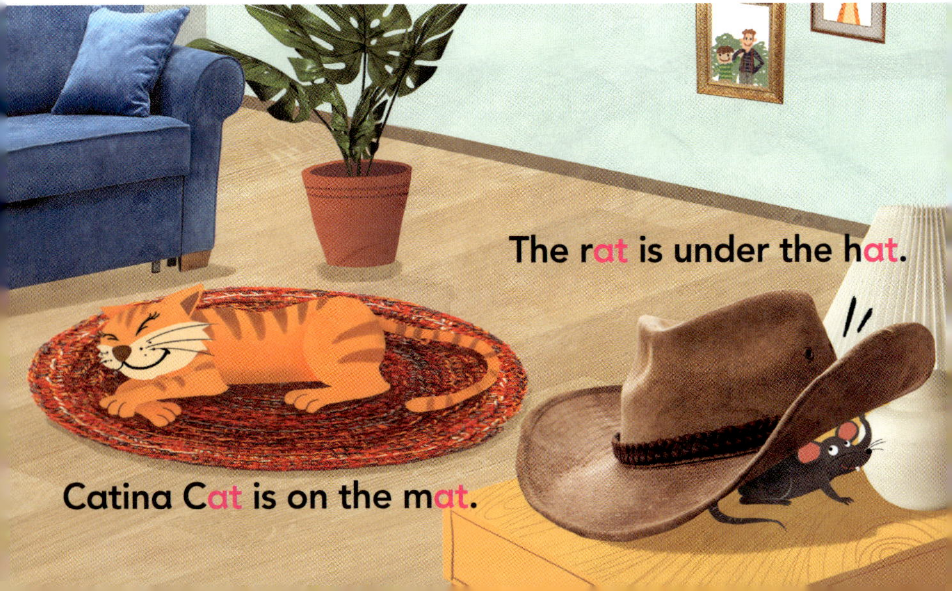

The rat is under the hat.

Catina Cat is on the mat.

Review

Phonogram 027 - 043

28th Week

Day 1

Short Vowels

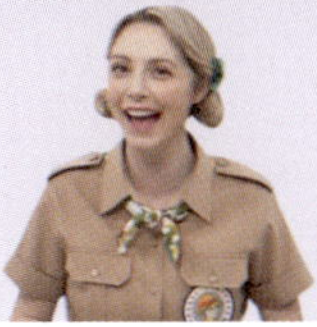

스토리 영상을 보면서 'en, et, id'가 들어있는 단어들을 찾아보세요.
발음에 집중하여 큰 소리로 문장을 따라 말해봐요.

h**en**   p**et**   l**id**

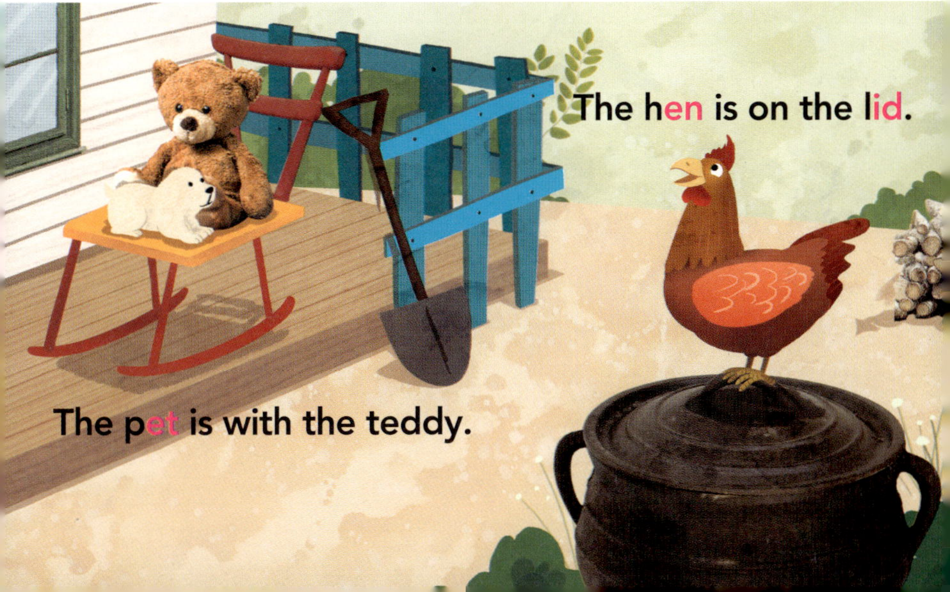

The h**en** is on the l**id**.

The p**et** is with the teddy.

Review

Phonogram 027 - 043

28th Week
Day 2

Short Vowels

스토리 영상을 보면서 'ad, et, id'가 들어있는 단어들을 찾아보세요.
발음에 집중하여 큰 소리로 문장을 따라 해보세요.

d**ad**   m**ad**   n**et**   k**id**

Dad is mad!

Oh, no!

The kid is under the net.

Word Chant

Phonogram
027 - 043

28th Week
Day 3
___ / ___

Short Vowels

Storytelling

단어 챈트 영상을 보면서 단모음 'a, e, i'가 들어가 있는 단어들을 골고루 복습해요.
스토리 애니메이션을 보면서 단어와 문장들을 귀 기울여 들어보세요.

cat　　**mat**　　**rat**　　**hat**

pet　　**hen**　　**lid**　　**kid**

net　　**mad**　　**dad**

Review

Phonogram 044 - 053

28th Week

Day **4**
___ / ___

Short Vowels

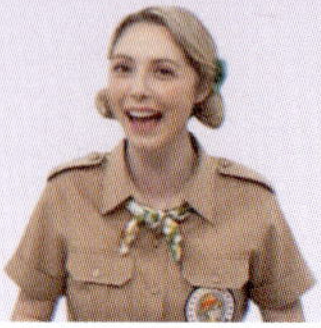

스토리 영상을 보면서 'og, op'가 들어있는 단어들을 찾아보세요.
발음에 집중하여 큰 소리로 문장을 따라 말해봐요.

dog   **fr**og   **m**op   **t**op

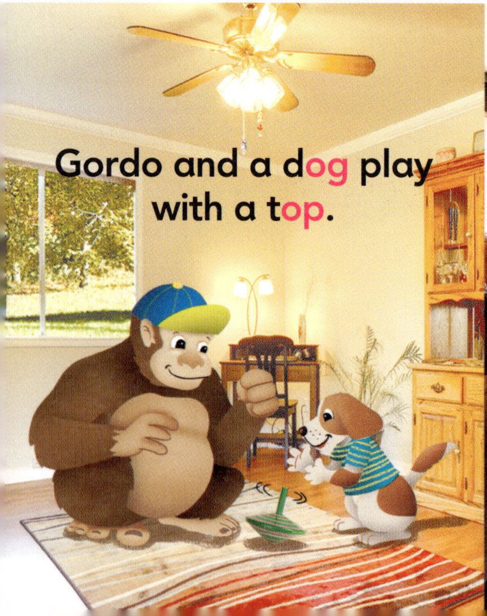

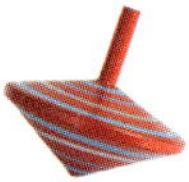

Gordo and a dog play with a top.

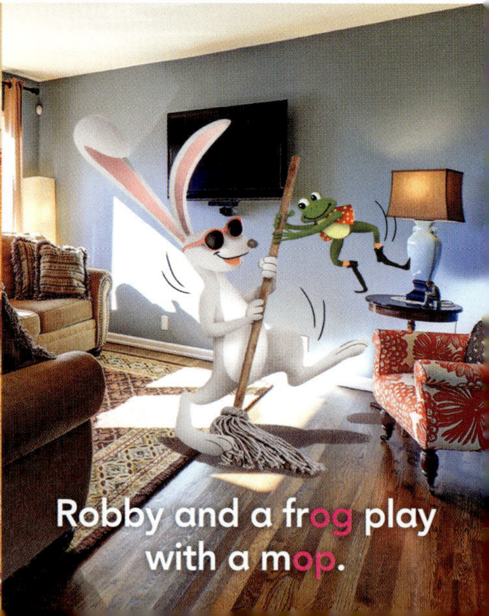

Robby and a frog play with a mop.

Review 044 - 053

28th Week
Day 5

Short Vowels

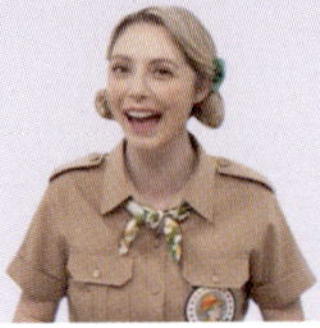

스토리 영상을 보면서 'og, op'가 들어있는 단어들을 찾아보세요.
발음에 집중하여 큰 소리로 문장을 따라 해보세요.

 d**og**
 f**og**
 fr**og**
 j**og**
 l**og**
 h**og**

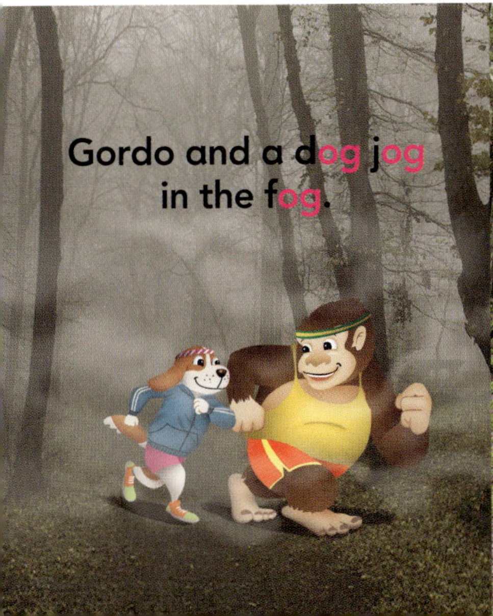

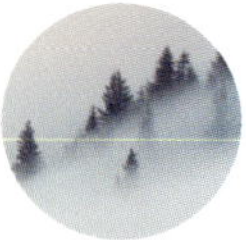

Gordo and a d**og** j**og** in the f**og**.

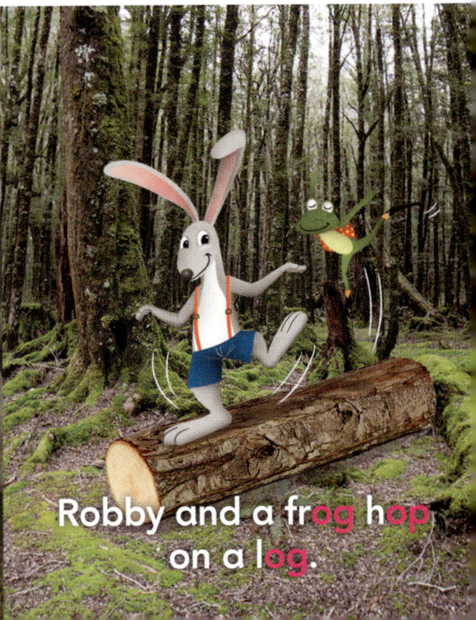

Robby and a fr**og** h**op** on a l**og**.

Story Chant

Review 044 - 053

Short Vowels

28th Week
Day 6

스토리 영상을 보면서 'at, et, ig, ug, up'가 들어있는 단어들을 찾아보세요. 발음에 집중하여 큰 소리로 문장을 따라 말해봐요.

s**at**   w**et**   b**ig**   b**ug**   c**up**   r**ug**

Gordo and Robby s**at** on a r**ug**.

A b**ig** b**ug** is in a c**up**! The b**ug** is w**et**!

Word Chant

Review

Phonogram
044 - 053

28th Week
Day 7
___ / ___

Short Vowels

단어 챈트 영상을 보면서 단모음 'a, e, i, o, u'가 들어가 있는 단어들을 골고루 복습해요.
스토리 애니메이션을 보면서 단어와 문장들을 귀 기울여 들어보세요.

Storytelling

top	**frog**	**mop**	**jog**

fog	**hop**	**log**	**sat**

rug	**big**	**bug**	**wet**

Story

Review

Phonogram
027 - 053

29th Week
Day **1**

Short Vowels

Allie has ten big hats.
Wow! Ten hats!

Pam has ten wigs.
Wow! Ten wigs!

Allie's cat is fat.
Fat, fat cat!

Pam's fig is big.

단모음이 들어가 있는 단어들을 복습해요.
스토리 영상을 보면서 'am, at, en, ig'가 들어있는
단어들을 찾아보고, 문장을 따라 해보세요.

Story

Review

Phonogram
027 - 053

29th Week
Day 2
___ / ___

Short Vowels

a t**u**b, a h**o**t t**u**b

a h**at**, a b**ig** h**at**

The yak s**it**s in his t**u**b.

The c**at** s**it**s on the yak's h**at**.

단모음이 들어가 있는 단어들을 복습해요.
스토리 영상을 보면서 'at, ig, it, ot, ub'가 들어있는
단어들을 찾아보고, 문장을 따라 말해봐요.

Short Vowels

Review 027 - 053

29th Week — Day 3

Zig! Zag!

Zeke Zebra got wet.

Ram! Bam! Zap!

Zeke Zebra hid in his hut.
Now, it's sunny!

단모음이 들어가 있는 단어들을 복습해요.
스토리 영상을 보면서 'ag, am, ap, et, id, ig, ot, ut'가 들어있는 단어들을 찾고, 문장을 따라 해보세요.

Story

Phonogram 027 - 053

29th Week

Day 4

Short Vowels

Vincent Vampire B**at** c**an** m**ix** w**ax** in a v**at**.

The v**at** is h**ot**.

Vincent m**op**s his w**et**, t**op** l**ip**.

Vincent g**et**s a f**an**.

단모음이 들어가 있는 단어들을 복습해요.
스토리 영상을 보면서 'an, at, ax, et, ip, ix, op, ot'가 들어있는 단어들을 찾고, 문장을 따라 말해봐요.

Short Vowels

Phonogram 027 - 053

29th Week — Day 5

Umber gets wet.
"It is raining!"

Umber's pal is not wet.
"I am in the house!"

Umber's pal sits in
his log hut.

Umber is not wet.
Umber sits in his pal's log hut.

단모음이 들어가 있는 단어들을 복습해요.
스토리 영상을 보면서 'et, it, og, ot, ut'가 들어있는
단어들을 찾아보고, 문장을 따라 해보세요.

054 - 070

Blends

연속자음

Phonogram 054

fl

29th Week
Day 6

fl Chant

 **flat**

 **flap**

 **flip flops**

'fl'로 시작하는 단어들을 알아볼까요?
영상을 보면서 챈트를 따라 해봐요.

Phonogram 055

gl

29th Week

Day 7

___ / ___

 **gl**ad

 **gl**ove

 **gl**ue

'gl'로 시작하는 단어들을 알아볼까요?
영상을 보면서 챈트를 따라 해봐요.

Phonogram 056

pl Chant

30th Week

Day 1

pl

play

plane

please

'pl'로 시작하는 단어들을 알아볼까요?
영상을 보면서 챈트를 따라 해봐요.

Phonogram 057

30th Week — Day 2

sl

sl Chant

sled

slip

slow

'sl'로 시작하는 단어들을 알아볼까요?
영상을 보면서 챈트를 따라 해봐요.

'l' Dance

Phonogram 054 - 057
'l' Blends

30th Week

Day 3
___ / ___

plant

slug

flag

glass

자음과 'l'이 붙어있는 단어들을 더 알아볼까요? 원어민 율동 영상을 보면서 단어를 큰 소리로 따라 해봐요.

'l' Blends

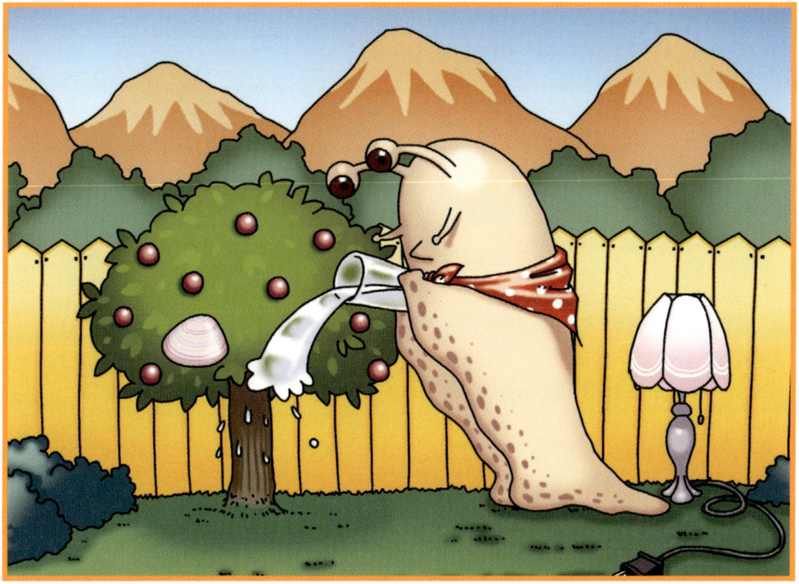

A **slug** has a **plum plant**.
He has a **glass** for the **plum plant**.

스토리 영상을 보면서 자음 뒤에 'l'이 붙어있는
단어들을 어떻게 발음하는지 잘 듣고 따라 해보세요.

Phonogram
058

30th Week

Day 5
___ / ___

br Chant

br

bread

broccoli

brown

'br'로 시작하는 단어들을 알아볼까요?
영상을 보면서 챈트를 따라 해봐요.

fr

30th Week
Day 6

fr Chant

fresh

free

friend

'fr'로 시작하는 단어들을 알아볼까요?
영상을 보면서 챈트를 따라 해봐요.

Phonogram 060

30th Week

Day 7 ___ / ___

gr

gr Chant

grab

grass

grandpa

 'gr'로 시작하는 단어들을 알아볼까요?
영상을 보면서 챈트를 따라 해봐요.

Phonogram
061

tr

tr Chant

train

trip

truck

'tr'로 시작하는 단어들을 알아볼까요?
영상을 보면서 챈트를 따라 해봐요.

'r' Dance

Review

Phonogram
058 - 061

31st Week

Day **2**
___ / ___

'r' Blends

grin   **gr**een   **gr**ape

frog   **fr**ont   **fr**uit

자음과 'r'이 붙어있는 단어들을 더 알아볼까요? 원어민 율동 영상을 보면서 단어를 큰 소리로 따라 해봐요.

'r' Story

Phonogram
058 - 061

'r' Blends

Review

31st Week

Day 3
___ / ___

A frog grins at the green grapes.

스토리 영상을 보면서 자음 뒤에 'r'이 붙어있는 단어들을 어떻게 발음하는지 잘 듣고 따라 해보세요.

Phonogram 062

-ld

31st Week

Day 4

___ / ___

gol**d**

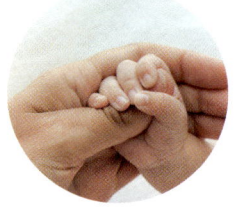

hol**d**

worl**d**

'ld'로 끝나는 단어들을 알아볼까요?
영상을 보면서 챈트를 따라 해봐요.

-nd

nd Chant

Phonogram 063

31st Week
Day 5

be**nd**

la**nd**

wi**nd**

'nd'로 끝나는 단어들을 알아볼까요?
영상을 보면서 챈트를 따라 해봐요.

'd' Dance

Phonogram
062 - 063

'd' Blends

31st Week

Day **6**
___ / ___

ol**d**

col**d**

sand

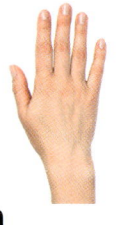

hand

자음과 'd'가 붙어있는 단어들을 더 알아볼까요? 원어민 율동 영상을 보면서 단어를 큰 소리로 따라 해봐요.

'd' Blends

An old hen finds gold in the sand on a cold day.

스토리 영상을 보면서 자음 뒤에 'd'가 붙어있는 단어들을 어떻게 발음하는지 잘 듣고 따라 해보세요.

Phonogram 064

-ft

32nd Week
Day 1

ft Chant

lift

raft

drift

'ft'로 끝나는 단어들을 알아볼까요?
영상을 보면서 챈트를 따라 해봐요.

Phonogram 065

-nt

nt Chant

ant

hunt

print

'nt'로 끝나는 단어들을 알아볼까요?
영상을 보면서 챈트를 따라 해봐요.

't' Dance

Review

Phonogram 064 - 065

't' Blends

32nd Week

Day 3

plant

front

tent

soft

gift

left

자음과 't'가 붙어있는 단어들을 더 알아볼까요? 원어민 율동 영상을 보면서 단어를 큰 소리로 따라 해봐요.

't' Blends

A soft plant on the tent is a gift for his friend.

스토리 영상을 보면서 자음 뒤에 't'가 붙어있는 단어들을 어떻게 발음하는지 잘 듣고 따라 해보세요.

Phonogram 066

sk Chant

32nd Week
Day 5
___ / ___

sk

skip

sky

skirt

'sk'로 시작하는 단어들을 알아볼까요?
영상을 보면서 챈트를 따라 해봐요.

-sk

-sk Chant

Phonogram 066

32nd Week
Day 6
___ / ___

ask

tusk

whisk

'sk'로 끝나는 단어들을 알아볼까요?
영상을 보면서 챈트를 따라 해봐요.

Phonogram 066

sk

32nd Week — Day 7

sk Dance

skunk

sketch

skate

de**sk**

ma**sk**

di**sk**

'sk'로 시작하거나 끝나는 단어들을 더 알아볼까요? 원어민 율동 영상을 보면서 단어를 큰 소리로 따라 해봐요.

sk

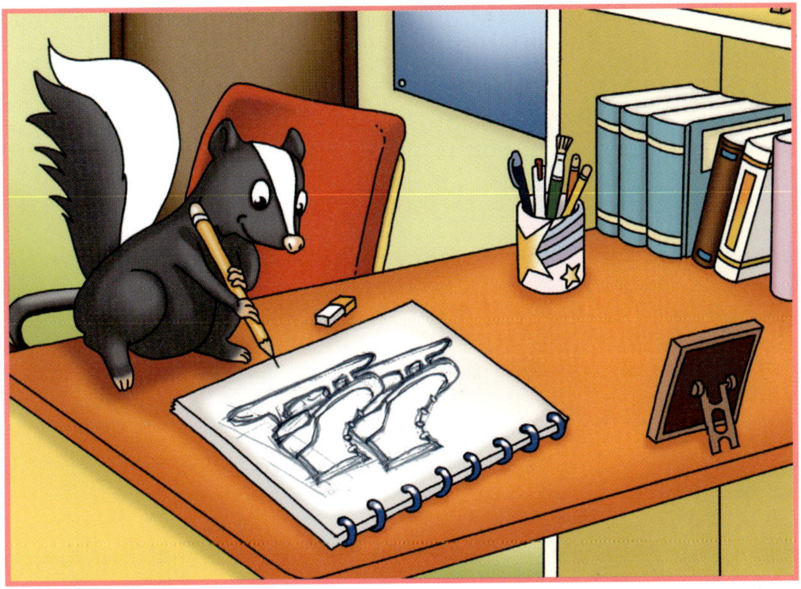

**A skunk sketches skates on the desk.
What a task!**

스토리 영상을 보면서 'sk'로 시작하거나 끝나는 단어들을 어떻게 발음하는지 잘 듣고 따라 해보세요.

st Chant

Phonogram 067

33rd Week

Day 2
___ / ___

st

star

stand

steam

'st'로 시작하는 단어들을 알아볼까요?
영상을 보면서 챈트를 따라 해봐요.

Phonogram 067

33rd Week
Day 3
___ / ___

-st

po**st**

toa**st**

fir**st**

'st'로 끝나는 단어들을 알아볼까요?
영상을 보면서 챈트를 따라 해봐요.

st Dance

Phonogram 067

st

33rd Week
Day **4**

start

stop

step

be**st**

fa**st**

ne**st**

'st'로 시작하거나 끝나는 단어들을 더 알아볼까요? 원어민 율동 영상을 보면서 단어를 큰 소리로 따라 해봐요.

Phonogram 067

st

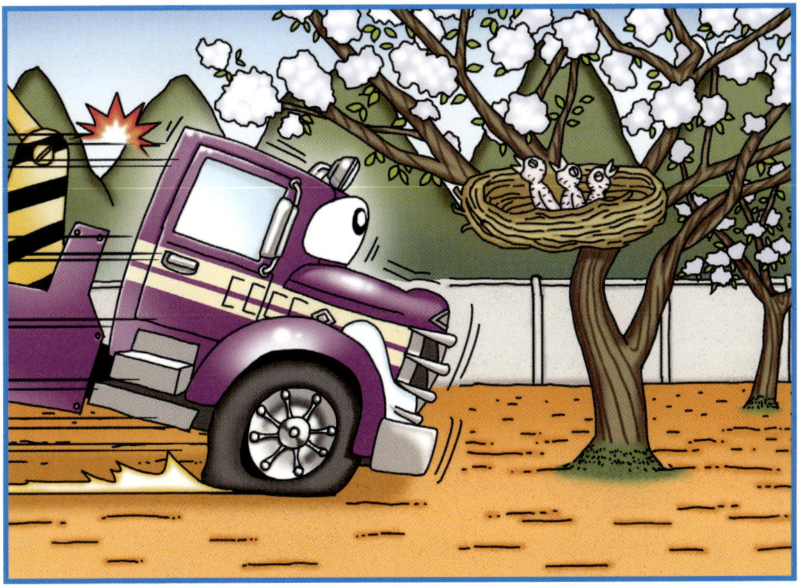

**The best truck starts fast.
And it stops in front of the nest.**

스토리 영상을 보면서 'st'로 시작하거나 끝나는 단어들을 어떻게 발음하는지 잘 듣고 따라 해보세요.

ck Chant

-ck

bla**ck**

du**ck**

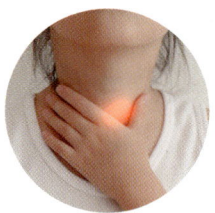
ne**ck**

'ck'로 끝나는 단어들을 알아볼까요?
영상을 보면서 발음을 잘 듣고 큰 소리로
따라 해봐요.

Phonogram 069
-lk

lk Chant

33rd Week
Day 7
___ / ___

elk

milk

silk

'lk'로 끝나는 단어들을 알아볼까요?
영상을 보면서 'l' 발음을 어떻게 소리 내는지
잘 듣고 큰 소리로 따라 해봐요.

nk Chant

Phonogram
070

-nk

34th Week

Day 1
___ / ___

bank

pink

trunk

'nk'를 발음할 때는 혀를 입천장 쪽으로 올려 부드럽게 [응] 소리를 내다가 마지막에 [크] 소리로 강하게 끝냅니다. 발음에 집중하여 'nk'로 끝나는 단어 챈트를 따라 해봐요.

Story Chant

Review

Phonogram
054 - 070

34th Week

Day 2

Blends

스토리 영상을 보면서 자음 뒤에 '-l, -r, -d, -t'가 붙은 Blends가 들어있는 단어들을 찾아보세요. 발음에 집중하여 큰 소리로 문장을 따라 해보세요.

slug   **br**own   **c**o**ld**   **p**o**nd**   **s**an**d**   **s**o**ft**

Francy Fish is in the cold pond.

A brown slug is on soft sand.

Story Chant

Review — Phonogram 054 - 070

34th Week

Day 3

Blends

스토리 영상을 보면서 'l, -r, s-'가 붙은 Blends가 들어있는 단어들을 찾아보세요. 발음에 집중하여 큰 소리로 문장을 따라 해보세요.

slug   **pl**ay   **pl**um   **fr**og   **gr**een   **gr**apes   **st**art

Francy and a slug meet a green frog.

Let's start playing!

They eat grapes and plums.

Review

Phonogram 054 - 070

Blends

34th Week

Day **4**

스토리 영상을 보면서 '-l, -r, s-'가 붙은 Blends가 들어있는 단어들을 찾아보세요. 발음에 집중하여 큰 소리로 문장을 따라 해보세요.

flower   **fr**iend   **tr**ee   **sk**ate   **sk**etch   be**st**   fa**st**

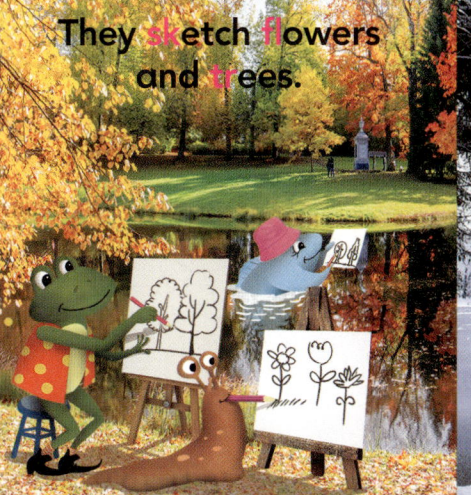

They **sk**etch **fl**owers and **tr**ees.

They **sk**ate fa**st**.

We are be**st fr**iends!

Word Chant

Review

Phonogram
054 - 070

34th Week
Day 5

Blends

Storytelling

단어 챈트로 다양한 연속자음(Blends)들을 골고루 복습해요. 스토리 애니메이션을 보면서 연속자음이 들어간 단어와 문장들을 귀 기울여 들어보세요.

co**ld** po**nd** **sl**ug sa**nd**

frog **gr**apes **pl**um **sk**etch

flower **tr**ee **sk**ate be**st**

071 - 079

Digraphs

자음 이중글자

ch Chant

Phonogram 071
ch

34th Week
Day 6

chair

cherry

chick

자음 c와 h가 만나 하나의 새로운 소리 'ch'를 만들어요. 입술을 내밀고 바람을 강하게 내보내며 [츄] 소리를 내보세요. 발음에 집중하여 단어 챈트를 따라 해봐요.

-ch

bench

peach

watch

'ch'로 끝나는 단어들을 알아볼까요?
영상을 보면서 발음에 집중하여 챈트를
따라 말해보세요.

Phonogram 071

ch

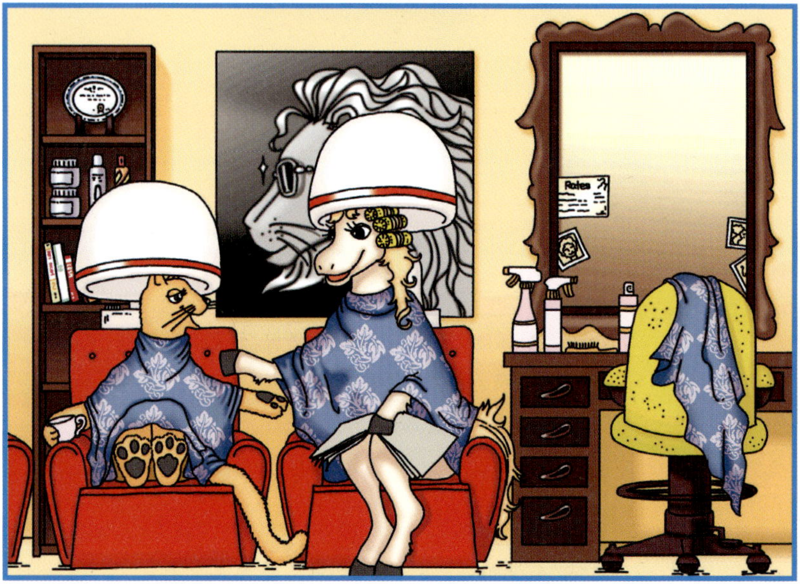

I chit-chat with a chum.

'ch'가 들어간 단어들을 더 알아볼까요?
원어민 율동과 스토리 영상을 보면서
단어와 문장을 큰 소리로 따라 해봐요.

Phonogram 072
35th Week
Day 2
___ / ___

-gh

lau**gh**

rou**gh**

tou**gh**

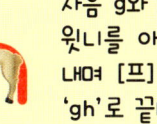

자음 g와 h가 만나면 'f'와 같은 소리가 나요. 윗니를 아랫입술에 대고 바람을 강하게 내보내며 [프] 발음을 해보세요. 발음에 집중하여 'gh'로 끝나는 단어 챈트를 따라 해봐요.

gh Dance

gh Story

Phonogram
072

gh

35th Week

Day **3**
___ / ___

**Gordo and Honey laugh and laugh.
That's enough!**

'gh'가 들어간 단어들을 더 알아볼까요?
원어민 율동과 스토리 영상을 보면서
단어와 문장을 큰 소리로 따라 해봐요.

ph Chant

Phonogram 073

ph

35th Week
Day 4

phone

photo

pharmacy

자음 p와 h가 나란히 오면 'f'와 같이 발음해요. 윗니를 아랫입술에 대고 바람을 강하게 내보내며 [프] 발음을 해보세요. 발음에 집중하여 'ph'로 시작하는 단어 챈트를 따라 해봐요.

Phonogram 073

35th Week
Day 5

-ph-

ele**ph**ant

dol**ph**in

tro**ph**y

'ph'가 중간에 들어가 있는 단어들을 알아볼까요?
영상을 보면서 발음에 집중하여 단어 챈트를
따라 말해봐요.

ph

Phonogram 073

35th Week
Day 6

Phil, the **ph**antom, can spell "gra**ph**".

'ph'가 들어간 단어들을 더 알아볼까요?
원어민 율동과 스토리 영상을 보면서
단어와 문장을 큰 소리로 따라 해봐요.

sh Chant

Phonogram 074

sh

35th Week
Day 7
___ / ___

sheep

shoes

shrimp

자음 s와 h가 만나 새로운 소리 'sh'를 만들어요.
입술을 내밀고 바람을 불며 [슈] 소리를 내보세요.
발음에 집중하여 단어 챈트를 따라 해봐요.

Phonogram 074

-sh

36th Week
Day 1

-sh Chant

bru**sh**

di**sh**

wa**sh**

'sh'로 끝나는 단어들을 알아볼까요?
영상을 보면서 발음에 집중하여 챈트를
따라 말해봐요.

Phonogram 074

sh

sh Dance sh Story

The ship is in the shop.

'sh'가 들어간 단어들을 더 알아볼까요?
원어민 율동과 스토리 영상을 보면서
단어와 문장을 큰 소리로 따라 해봐요.

th Chant

Phonogram 075

th

36th Week
Day 3

thank

think

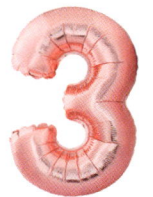
three

자음 t와 h가 만나 새로운 소리 'th[θ]'를 만들어요. 윗니와 아랫니 사이로 혀를 내밀고 바람을 내보내다가, 혀를 윗니에서 떼어내며 소리 냅니다. 발음에 집중하여 'th[θ]'로 시작하는 단어 챈트를 따라 해봐요.

-th Chant

Phonogram 075

36th Week
Day **4**
___ / ___

-th

ba**th**

Ear**th**

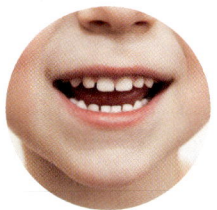
mou**th**

'th[θ]'로 끝나는 단어들을 알아볼까요? 영상을 보면서 발음에 집중하여 챈트를 따라 해봐요.

th Chant

Phonogram 076
th

36th Week
Day 5
___ / ___

they

fa**ther**

smoo**th**

'th[ð]' 소리는 윗니와 아랫니 사이로 혀를 내밀고 바람을 내보내다가, 혀를 윗니에서 떼어낼 때 성대를 울려 목소리를 내며 발음합니다. 앞에서 배운, 소리를 내지 않고 바람만 내보냈던 'th[θ]' 소리와 비교하며 단어 챈트를 따라 해봐요.

th Dance

th Story

Phonogram
075 - 076

th

36th Week
Day 6
___ / ___

That lath is thin.

'th'가 들어간 단어들을 더 알아볼까요?
원어민 율동과 스토리 영상을 보면서 단어와
문장을 큰 소리로 따라 해봐요.

※ that의 'th[ð]'는 lath, thin의 'th[θ]'와
  발음이 다르니 주의하세요.

Phonogram
077

wh

36th Week
Day 7

wh Chant

 **wh**ale

 **wh**eel

 **wh**ite

자음 w와 h가 만나면 'h' 소리는 탈락하고 'w' 소리만 납니다. 예외적으로 who와 whole처럼 'w' 소리가 탈락하는 경우도 있지만 매우 드뭅니다. 발음에 집중하여 'wh'로 시작하는 단어 챈트를 따라 해봐요.

wh Dance

wh Story

Phonogram
077

37th Week
Day 1
___ / ___

wh

The man is a **wh**iz with a **wh**ip.

'wh'가 들어간 단어들을 더 알아볼까요?
원어민 율동과 스토리 영상을 보면서
단어와 문장을 큰 소리로 따라 해봐요.

qu Chant

Phonogram
078

37th Week
Day 2
___ / ___

qu

queen

question

quick

'qu'는 입술을 앞으로 내밀고 [쿠] 하고 길게 소리내다가 뒤에 나오는 모음과 잘 연결하여 발음합니다. 어떻게 발음하는지 잘 듣고 'qu'로 시작하는 단어 챈트를 따라 해봐요.

qu

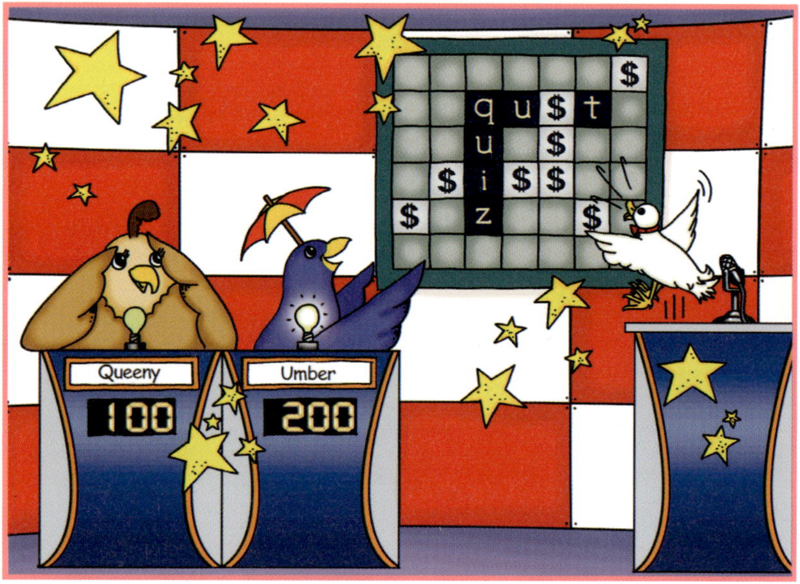

The duck quacks, "Quit the quiz!"

'qu'가 들어간 단어들을 더 알아볼까요?
원어민 율동과 스토리 영상을 보면서
단어와 문장을 큰 소리로 따라 해봐요.

Phonogram
079

37th Week

Day 4
___ / ___

ng Chant

-ng

ki**ng**

pi**ng****-po****ng**

swi**ng**

n과 g가 만나 새로운 소리 'ng'를 만들어요. 'ng'는 혀뿌리를 목구멍 뒤쪽에 대고 [응] 하고 부드럽게 콧소리를 내어 발음합니다. 'ng'로 끝나는 단어 챈트를 잘 듣고 따라 해봐요.

ng Words

ng Story

ng

Bubba Bear sees a hive in a tree trunk.

He clings to the trunk to dunk his paw in the hive.

He feels a sting! He yanks back his paw!

Bubba puts his stung paw in a sling.

'ng'가 들어간 단어들을 더 알아볼까요? 스토리 영상을 보면서 'ng' 소리가 들어있는 단어들을 찾아보세요.

Review

Phonogram 071 - 079

37th Week

Day 6
___ / ___

Digraphs

스토리 영상을 보면서 'ch, ph, th, wh, qu'가 들어있는 단어들을 찾아보세요. 발음에 집중하여 큰 소리로 문장을 따라 해보세요.

chip   **ph**one   **th**ick   **wh**ite   **qu**ilt

Let's go on a picnic!

Timothy Tiger chats on the phone.

Quackity quack! OK!

White Duck is on a thick quilt.

Digraphs

Review — Phonogram 071 - 079 — 37th Week — Day 7

스토리 영상을 보면서 'ch, qu, sh'가 들어있는 단어들을 찾아보세요.
발음에 집중하여 큰 소리로 문장을 따라 해보세요.

chip   lun**ch**   **qu**ail   **sh**op   fi**sh**

They go to Queeny Quail's shop.

They buy fish and chips for lunch.

Story Chant

Review Phonogram 071 - 079

38th Week

Day 1
___ / ___

Digraphs

스토리 영상을 보면서 'ch, ph, wh'가 들어있는 단어들을 찾아보세요.
발음에 집중하여 큰 소리로 문장을 따라 해보세요.

cheese   ca**tch**   **ph**oto   **wh**ite

Choo! Choo!
Let's ca**tch** the train!
Whee!

Let's take **ph**otos!
Say **ch**eese!

Word Chant

Review Phonogram 071 - 079

38th Week

Day 2

Digraphs

두 개의 자음이 만나 하나의 소리를 만들어내는 자음 이중글자(Digraphs)를 단어 챈트로 골고루 복습해요. 스토리 애니메이션을 보면서 자음 이중글자가 들어간 단어들을 귀 기울여 들어보세요.

Storytelling

phone   **wh**ite   **th**ick   **qu**ilt

quail   **sh**op   fi**sh**   **ch**ip

lun**ch**   ca**tch**   **ph**oto   **ch**eese

phonogram
080 - 084

Schwa

강세 없는 모음

Schwa a Chant

Phonogram 080

Schwa 'a'

38th Week
Day 3
___ / ___

b**a**lloon

sal**a**d

zebr**a**

'강세가 없는 모음' Schwa(슈와) 소리가 나는 'a' 발음은 입술과 혀의 힘을 완전히 빼고 우리말 [으어]를 빠르게 이어서 소리 냅니다. Schwa 'a' 단어 챈트를 잘 듣고 따라 해봐요.

Schwa a Dance
Schwa a Story

Phonogram 080

Schwa 'a'

38th Week
Day **4**
___ / ___

A pand**a** is on a sof**a**.
He has a bamboo in his hands.

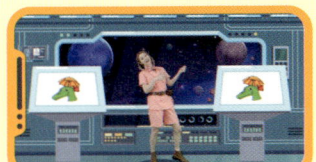

'강세 없는 모음' Schwa(슈와) 'a'가 들어간 단어들을 더 알아볼까요? 원어민 율동과 스토리 영상을 보면서 단어와 문장을 큰 소리로 따라 해봐요.

Phonogram
081

Schwa 'e'

38th Week
Day 5
___ / ___

Schwa e Chant

camel

children

mitten

'강세가 없는 모음' Schwa(슈와) 소리가 나는 'e'를 발음할 때는 입술과 혀의 힘을 완전히 빼고 우리말 [으어]를 빠르게 이어서 소리 냅니다. Schwa 'e' 단어 챈트를 잘 듣고 따라 해봐요.

Phonogram 081
Schwa 'e'

38th Week
Day 6

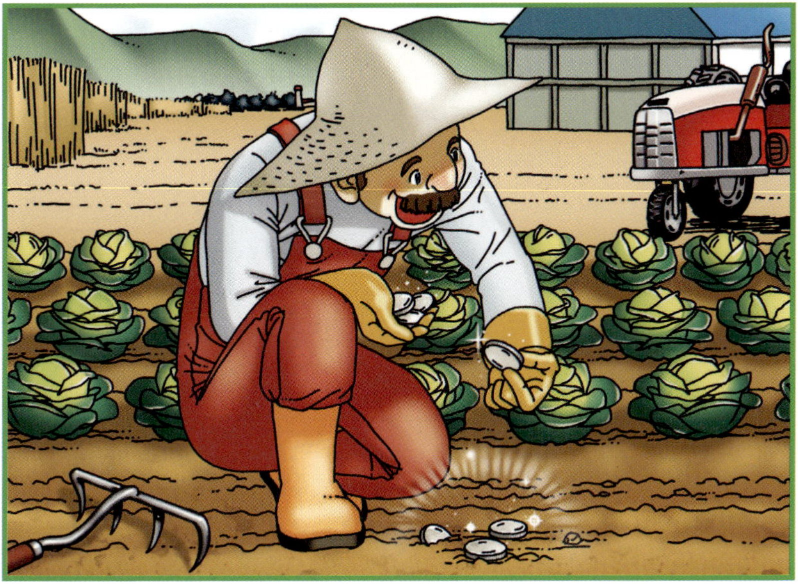

A farm**e**r got the sev**e**n silv**e**r coins.

'강세 없는 모음' Schwa(슈와) 'e'가 들어간 단어들을 더 알아볼까요? 원어민 율동과 스토리 영상을 보면서 단어와 문장을 큰 소리로 따라 해봐요.

Phonogram 082

Schwa 'i'

Schwa i Chant

38th Week — **Day 7**

cousin

family

April

'강세가 없는 모음' Schwa(슈와) 소리가 나는 'i'를 발음할 때는 입술과 혀의 힘을 완전히 빼고 우리말 [으어]를 빠르게 이어서 소리 냅니다. Schwa 'i' 단어 챈트를 잘 듣고 따라 해봐요.

Schwa i Dance
Schwa i Story

Phonogram 082

Schwa 'i'

39th Week
Day 1
__ / __

Inny has an**i**mal penc**i**ls.
And an **ai**rplane flies in the **ai**r.

'강세 없는 모음' Schwa(슈와) 'i'가 들어간 단어들을 더 알아볼까요? 원어민 율동과 스토리 영상을 보면서 단어와 문장을 큰 소리로 따라 해봐요.

Phonogram 083

Schwa 'o'

39th Week
Day 2

Schwa o Chant

carr**o**t

drag**o**n

m**o**ney

'강세가 없는 모음' Schwa(슈와) 소리가 나는 'o' 발음은 입술과 혀의 힘을 완전히 빼고 우리말 [으어]를 빠르게 이어서 소리 냅니다. Schwa 'o' 단어 챈트를 잘 듣고 따라 해봐요.

Phonogram 083

Schwa 'o'

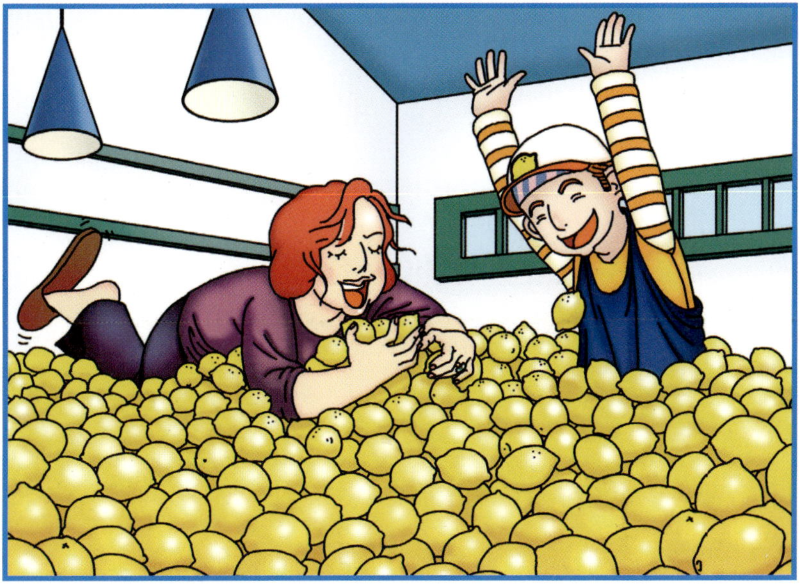

My mother and brother love lemons.

'강세 없는 모음' Schwa(슈와) 'o'가 들어간 단어들을 더 알아볼까요? 원어민 율동과 스토리 영상을 보면서 단어와 문장을 큰 소리로 따라 해봐요.

Schwa u Chant

Phonogram 084

Schwa 'u'

39th Week

Day **4**
___ / ___

albu**m**

cactu**s**

difficu**lt**

'강세가 없는 모음' Schwa(슈와) 소리가 나는 'u' 발음은 입술과 혀의 힘을 완전히 빼고 우리말 [으어]를 빠르게 이어서 소리냅니다. Schwa 'u' 단어 챈트를 잘 듣고 따라 해봐요.

Phonogram 084

Schwa 'u'

39th Week

Day 5
___ / ___

Schwa u Dance

Schwa u Story

Umber likes to study and hum in the hot sun.

'강세 없는 모음' Schwa(슈와) 'u'가 들어간 단어들을 더 알아볼까요? 원어민 율동과 스토리 영상을 보면서 단어와 문장을 큰 소리로 따라 해봐요.

Review
Phonogram 080 - 084
Schwa 'aeiou'

39th Week
Day 6

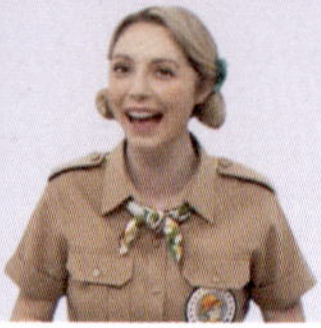

스토리 영상을 보면서 강세 없는 모음 Schwa(슈와)가 들어있는 단어들을 찾아보세요. 발음에 집중하여 큰 소리로 문장을 따라 해보세요.

elephant　**silver** 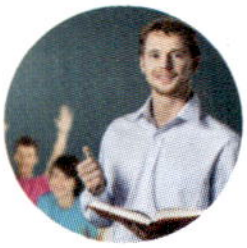　**teacher**　**pencil**　**study** 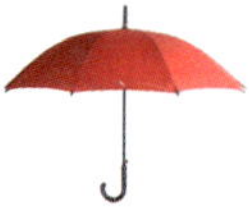　**umbrella**

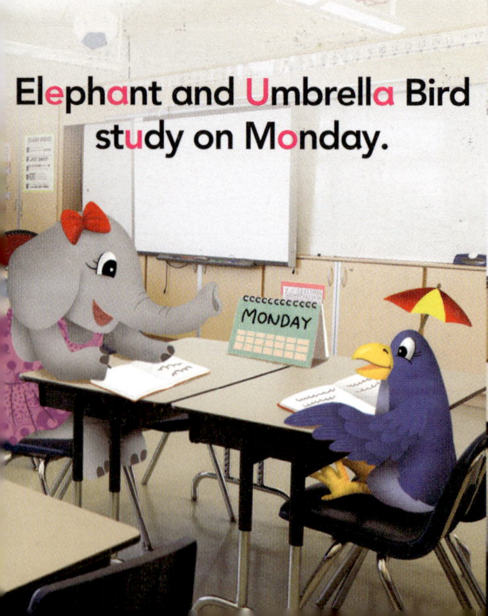

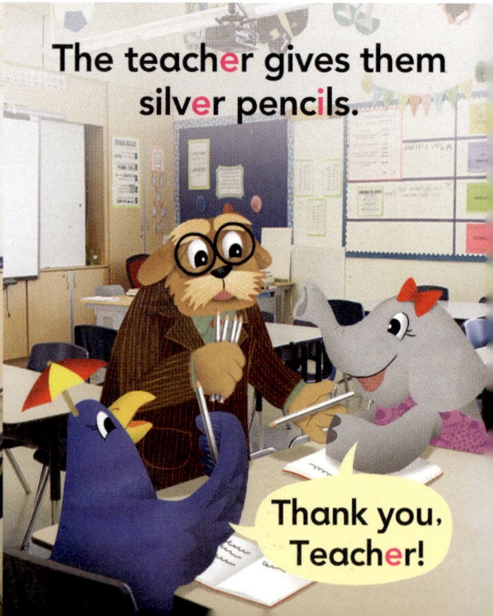

Elephant and Umbrella Bird study on Monday.

The teacher gives them silver pencils.

Thank you, Teacher!

Story Chant

Review

Phonogram
080 - 084

39th Week

Day 7
___ / ___

Schwa
'aeiou'

스토리 영상을 보면서 강세 없는 모음 Schwa(슈와)가 들어있는 단어들을 찾아보세요. 발음에 집중하여 큰 소리로 문장을 따라 해보세요.

sofa   **br**o**th**er   **lem**o**n**   **m**o**th**er

Zebra and his brother play on a sofa.

The mother gives them lemon sodas.

Love you, Mom!

Review Phonogram 080 - 084

40th Week
Day 1
___ / ___

Schwa
'aeiou'

스토리 영상을 보면서 강세 없는 모음 Schwa(슈와)가 들어있는 단어들을 찾아보세요. 발음에 집중하여 큰 소리로 문장을 따라 해보세요.

b**a**n**a**n**a**   an**i**m**a**l   h**u**m   str**u**m

The an**i**m**a**ls eat b**a**n**a**n**a**s for l**u**nch.

They h**u**m and str**u**m in the s**u**n.

Word Chant

Phonogram 080 - 084

40th Week

Day **2**
___ / ___

Schwa
'aeiou'

Storytelling

Schwa(슈와) 'a, e, i, o, u'는 강세를 두지 않아요.
단어 챈트로 Schwa 발음을 골고루 복습하고,
스토리 애니메이션을 보면서 Schwa가 들어간
단어들을 잘 들어보세요.

umbrella

study

teacher

silver

pencil

brother

sofa

mother

lemon

animal

hum

strum

085 - 089

I Say My Name Vowels

**알파벳 이름으로
소리 나는 모음**

Name a Chant

Phonogram
085

I Say My Name
'a'

40th Week
Day 3
___ / ___

angel

b**a**by

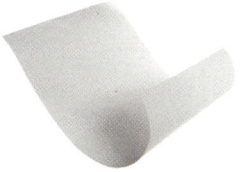
p**a**per

'a'가 알파벳 이름 그대로 [에이]라고 소리나는 단어들을 알아볼까요? 영상을 보면서 단어 챈트를 귀 기울여 잘 듣고 신나게 따라 해봐요.

Name a Dance

Name a Story

Phonogram 085
I Say My Name
'a'

40th Week
Day 4
___ / ___

I am **a**ble to tell a f**a**ble.

알파벳 이름으로 소리나는 'a'가 들어간 단어들을 더 알아볼까요? 원어민 율동과 스토리 영상을 보면서 단어와 문장을 큰 소리로 따라 해봐요.

Name e Chant

Phonogram
086

I Say My Name
'e'

40th Week
Day 5
___ / ___

evening

equal

h**e**ro

'e'가 알파벳 이름 그대로 [이]라고 길게 소리나는 단어들을 알아볼까요? 영상을 보면서 귀 기울여 챈트를 잘 듣고 단어를 따라 해봐요.

Phonogram 086

I Say My Name 'e'

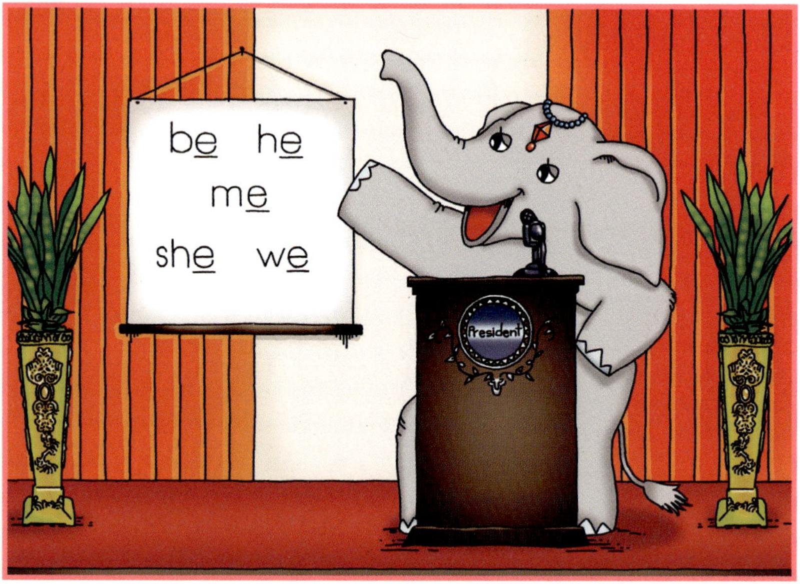

Day 6

Just say, "Be, he, me, she, we."

알파벳 이름으로 소리나는 'e'가 들어간 단어들을 더 알아볼까요? 원어민 율동과 스토리 영상을 보면서 단어와 문장을 큰 소리로 따라 해봐요.

Phonogram 087

I Say My Name
'i'

Name i Chant

40th Week
Day **7**
___ / ___

hi

spider

pilot

'i'가 알파벳 이름 그대로 [아이]라고 소리나는 단어들을 알아볼까요? 영상을 보면서 단어 챈트를 귀 기울여 잘 듣고 신나게 따라 해봐요.

Name i Dance

Name i Story

Phonogram
087

I Say My Name
'i'

41st Week
Day 1
___ / ___

I put my ski in the taxi.

알파벳 이름으로 소리나는 'i'가 들어간 단어들을 더 알아볼까요? 원어민 율동과 스토리 영상을 보면서 단어와 문장을 큰 소리로 따라 해봐요.

Phonogram
088

Name o Chant

I Say My Name
'o'

41st Week
Day 2
___ / ___

do**nut**

o**pen**

potato

'o'가 알파벳 이름 그대로 [오우]라고 소리나는 단어들을 알아볼까요? 영상을 보면서 귀 기울여 챈트를 잘 듣고 단어를 따라 해봐요.

Phonogram 088

I Say My Name
'o'

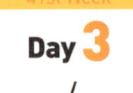

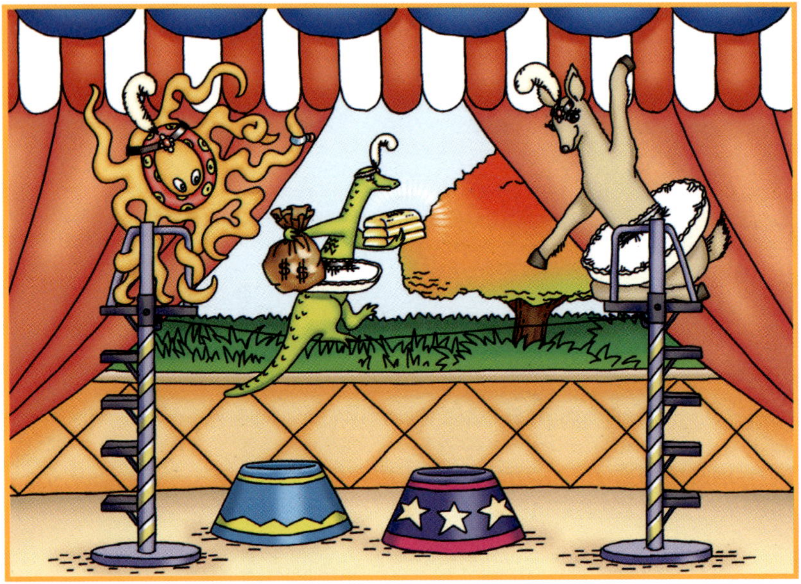

Day **3**
___ / ___

Hold that gold.

알파벳 이름대로 소리나는 'o'가 들어간 단어들을 더 알아볼까요? 원어민 율동과 스토리 영상을 보면서 단어와 문장을 큰 소리로 따라 해봐요.

Phonogram 089

I Say My Name 'u'

41st Week
Day 4
___ / ___

Name u Chant

music

student

tulip

'u'가 알파벳 이름 그대로 [유우]라고 길게 소리나는 단어들을 알아볼까요? 영상을 보면서 단어 챈트를 귀 기울여 잘 듣고 신나게 따라 해봐요.

Name u Dance
Name u Story

I Say My Name 'u'

Day 5

Umber rides a unicycle to the university.

알파벳 이름대로 소리나는 'u'가 들어간 단어들을 더 알아볼까요? 원어민 율동과 스토리 영상을 보면서 단어와 문장을 큰 소리로 따라 해봐요.

Phonogram
085 - 089

Review

41st Week
Day **6**

I Say My Name 'aeiou'

We ride unicycles under the old maple tree at night.

원어민 율동과 스토리 영상을 잘 보면서 알파벳 이름대로 소리나는 'a, e, i, o, u'가 들어간 단어와 문장을 큰 소리로 즐겁게 따라 말해봐요.

Story Chant

Review Phonogram 085 - 089

41st Week

Day 7
___ / ___

I Say My Name
'a e i o u'

스토리 영상을 보면서 알파벳 이름 그대로 소리나는 'e, i, o, u'가 들어있는 단어들을 찾아보고, 문장을 따라 해보세요.

l**i**ke t**i**ger **o**ld **u**nicorn

Ti**ger and **U**nicorn are **o**ld friends.

They l**i**ke to b**e** always together.

Review Phonogram 085 - 089

42nd Week
Day 1

I Say My Name 'aeiou'

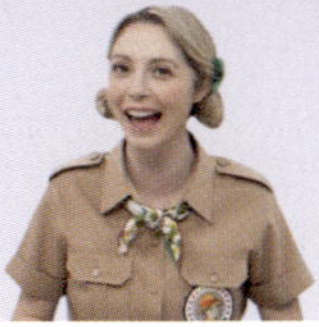

스토리 영상을 보면서 알파벳 이름 그대로 소리나는 'a, i'가 들어있는 단어들을 찾아보고, 문장을 따라 해보세요.

 **a**corn

 b**a**con

 d**i**ning room

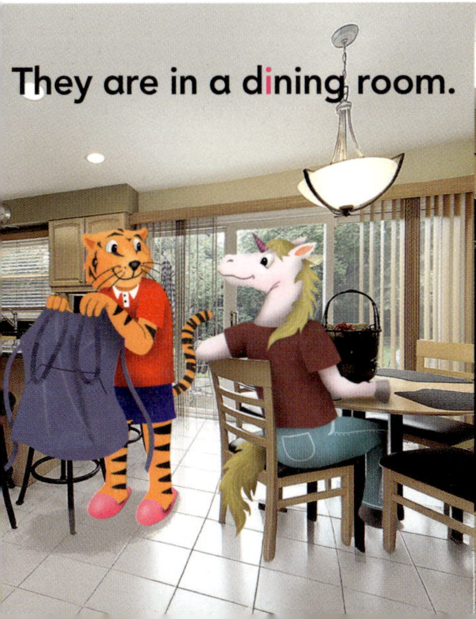

They are in a d**i**ning room.

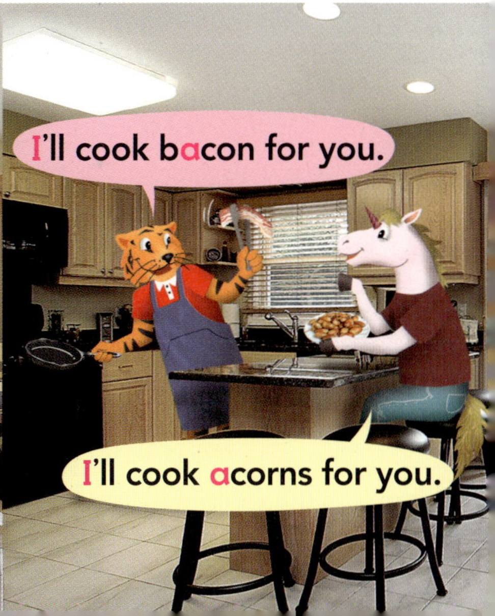

I'll cook b**a**con for you.

I'll cook **a**corns for you.

Review Phonogram 085 - 089

42nd Week

Day **2**

I Say My Name 'aeiou'

스토리 영상을 보면서 알파벳 이름 그대로 소리나는 'a, e, i, o, u'가 들어있는 단어들을 찾아보고, 문장을 따라 해보세요.

 f**a**ble

we

h**o**ld

g**o**

university

They are in a **u**niversity.

They h**o**ld each other's shoulders.

I'll read a f**a**ble to you.

I'll read a picture book to you.

W**e** g**o** everywhere together!

Word Chant

Review

Phonogram
085 - 089

42nd Week
Day 3
___ / ___

I Say My Name
'aeiou'

Storytelling

단어 챈트 영상을 보면서 알파벳 이름 그대로 소리나는 모음 'a, e, i, o, u'를 골고루 복습해요. 스토리 애니메이션을 보면서 단어와 문장들을 귀 기울여 들어 보세요.

t**i**ger

unicorn

l**i**ke

d**i**ning room

b**a**con

acorn

university

f**a**ble

h**o**ld

w**e**

g**o**

090 - 093

Bossy 'e'

보스 'e'

Phonogram 090

Bossy 'e'
a_e

42nd Week
Day 4

a_e Chant

cake

same

wave

모음 'a' 뒤에 자음이 하나 오고 단어가 'e'로 끝나면, 'e'는 소리가 안 나고 앞의 'a'는 장모음이 되어 알파벳 이름 [에이]라고 발음해야 해요. 영상을 보면서 'a_e' 단어 챈트를 잘 듣고 따라 해봐요.

Phonogram 090
Bossy 'e' ade

ade Dance

ade Story

Day 5 ___/___

I made lemonade in the shade.

allie meets Bossy 'e.'

자음 d를 사이에 두고 'a'와 'e'가 만났을 때 'e' 소리가 나지 않은 이유를 율동 영상으로 알아볼까요? 보스 'e'가 'a'에게 소리를 내라고 시켰어요. 'e'는 입을 꾹 다물어 버렸고, 'a' 소리만 길게 남았지요. 이제 'ade' 소리를 잘 기억할 수 있겠지요?

Phonogram 091

Bossy 'e' i_e

42nd Week Day 6

ice

slide

time

모음 'i' 뒤에 자음이 하나 오고 단어가 'e'로 끝나면, 'e'는 소리가 안 나고 앞의 'i'는 장모음이 되어 알파벳 이름 [아이]라고 발음해야 해요. 영상을 보면서 'i_e' 단어 챈트를 잘 듣고 따라 해봐요.

Phonogram 091

Bossy 'e'
ide

42nd Week
Day 7

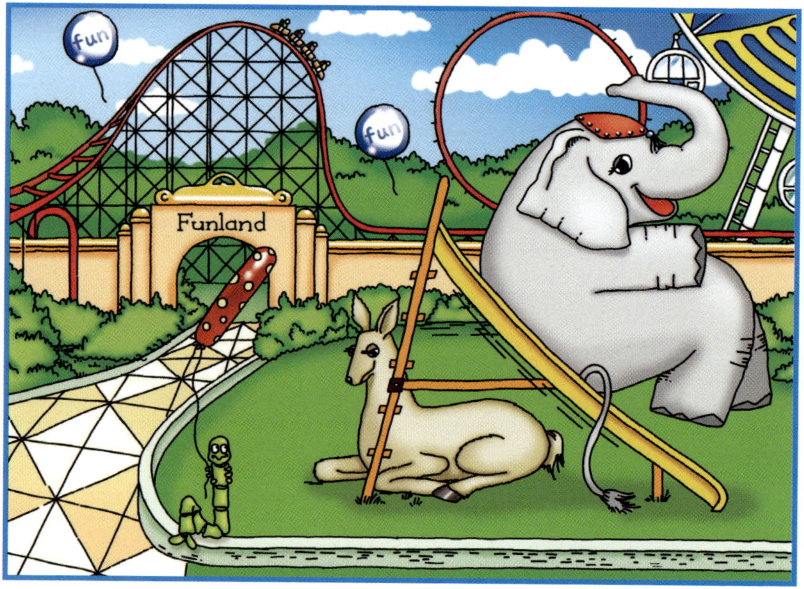

Hide by the side of the slide.

자음 d를 사이에 두고 'i'와 'e'가 만났어요. 보스 'e'가 자기는 소리 내지 않고, 'i'에게 알파벳 이름 소리를 내라고 명령했어요. 'ide' 소리를 잘 기억 하면서 단어와 문장을 큰 소리로 따라 해봐요.

ire Chant

Phonogram 091

Bossy 'e' ire

Day 1

fire

tire

wire

모음 'i' 뒤에 자음 r이 오고 'e'로 끝나면, 'e'는 소리가 안 나고 앞의 'i'는 장모음이 되어 [아이]라고 발음합니다. 이때 뒤에 따라오는 r을 자연스럽게 연결하여 소리 내요. 영상을 보면서 'ire' 소리에 집중하여 잘 듣고 따라 해봐요.

Phonogram 091

Bossy 'e' ire

Day **2**
___ / ___

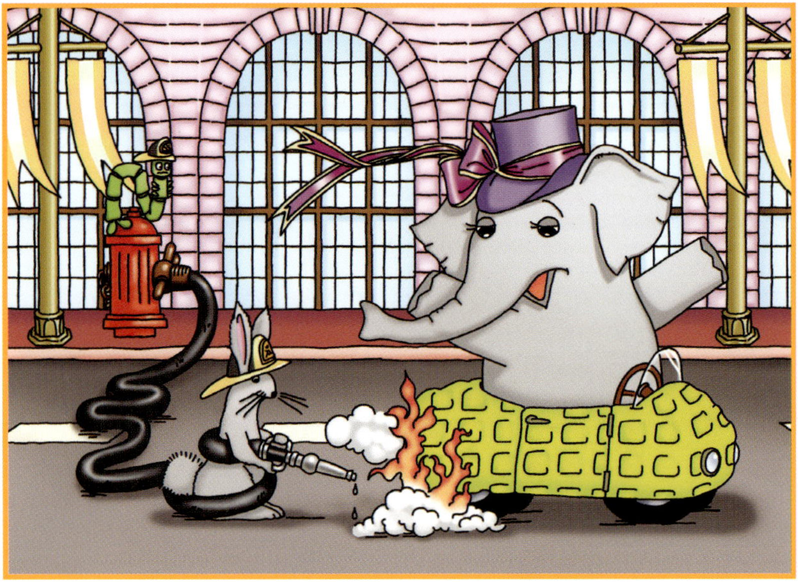

The tire is on fire.

'ire'로 끝나는 단어들을 더 알아볼까요?
원어민 율동과 스토리 영상을 잘 보면서
단어와 문장을 큰 소리로 따라 해봐요.

Phonogram 092
Bossy 'e' o_e

o_e Chant

43rd Week
Day 3

hope

rose

stone

모음 'o' 뒤에 자음이 하나 오고 단어가 'e'로 끝나면, 'e'는 소리가 안 나고 앞의 'o'는 장모음이 되어 알파벳 이름 [오우]라고 발음해야 해요. 영상을 보면서 'o_e' 단어 챈트를 잘 듣고 따라 해봐요.

Phonogram 092
Bossy 'e' ole

ole Dance

ole Story

43rd Week
Day **4**
___ / ___

The m**o**l**e** runs in the h**o**l**e**.

olive meets Bossy 'e.'

자음 l을 사이에 두고 'o'와 'e'가 만났어요. 이번에도 보스 역할을 좋아하는 'e'는 아무 말도 하지 않고, 'o'에게 길게 알파벳 이름 소리를 내라고 시켰어요. 이제 'o l e' 소리를 잘 기억할 수 있겠지요?

u_e Chant

Phonogram
093

Bossy 'e'
u_e

43rd Week
Day 5
___ / ___

cube

June

huge

모음 'u' 뒤에 자음이 하나 오고 단어가 'e'로 끝나면, 'e'는 소리가 안 나고 앞의 'u'는 장모음이 되어 알파벳 이름 [유우]라고 발음해야 해요. 영상을 보면서 'u_e' 단어 챈트를 잘 듣고 따라 해봐요.

ure Dance

ure Story

Phonogram
093
Bossy 'e'
ure

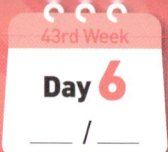

43rd Week

Day **6**
___ / ___

The cure is pure air.

자음 r을 사이에 두고 'u'와 'e'가 만났어요. 보스 'e'가 입을 꾹 다물어 버리고, 'u'에게 길게 소리 내라고 명령했어요. 'ure' 소리를 잘 기억하면서 단어와 문장을 큰 소리로 따라 해봐요.

Words

Story

Review

Phonogram 090 - 093

43rd Week

Day 7

Bossy 'e'

Sammy Snake wanted to wade in a lake.

He scaled a gate and went into the glade.

Sammy then glided into the lake.

A huge wave came. What a brave snake!

모음 'a, e, i, o, u' 뒤에 자음이 하나 오고 단어가 'e'로 끝나면, 보스 노릇하기 좋아하는 'Bossy e'는 소리를 내지 않아요. 대신 앞에 오는 모음에게 길게 발음하라고 명령한다는 것을 잘 기억하고 있지요? 스토리 영상을 보면서 'Bossy e'가 들어간 단어들을 찾아보세요.

Words

Story

Review

44th Week

Day 1

Bossy 'e'

Yancy woke up and put on a robe.

He spoke to Robby on the phone. Yancy told him a joke.

Robby wrote the joke in a note.

Robby gave the note to Zeke. See him smile! What a funny joke!

모음 'a, e, i, o, u' 뒤에 자음이 하나 오고 단어가 'e'로 끝나면, 'e'는 발음하지 않고 앞의 모음만 소리 내요. 이 모음 소리들을 알파벳 이름 소리로 길게 발음하는 것에 집중하여 스토리 영상을 보면서 'Bossy e'가 들어있는 단어들을 찾아보세요.

Story Chant

Review · Phonogram 090 - 093 · 44th Week · Day 2

Bossy 'e'

스토리 영상을 보면서 모음 'a, i, o' 바로 뒤에 자음이 오고, '보스같이 행동하는(Bossy)' 모음 'e'로 끝나는 단어를 찾아보고 문장을 따라 해보세요.

g**a**m**e**

r**i**d**e**

h**o**m**e**

ph**o**n**e**

Zeke is on the ph**o**n**e**.

Let's play a g**a**m**e** together.
Come to my h**o**m**e**.

F**i**n**e**. We'll go r**i**d**e** a unicycle.

Story Chant

Review
Phonogram
090 - 093

44th Week
Day 3

Bossy 'e'

스토리 영상을 보면서 모음 'a, i' 바로 뒤에 자음이 오고, '보스같이 행동하는(Bossy)' 모음 'e'로 끝나는 단어를 찾아보고 문장을 따라 해보세요.

plane    drive    hide

Fine. We'll go drive a plane.

Let's play hide-and-seek! I'll be it.

Story Chant

Review

Phonogram 090 - 093

44th Week

Day 4

Bossy 'e'

스토리 영상을 보면서 모음 'a, i, o, u' 바로 뒤에 자음이 오고, '보스같이 행동하는(Bossy)' 모음 'e'로 끝나는 단어를 찾아보고 문장을 따라 해보세요.

sn**a**ke   h**i**de   h**o**le   m**o**le   m**u**le   t**u**be

Mule and Night owl hide in a hole.

One, two, three,..., ten!

Got you!   Got you!

Mole and Snake hide in a tube.

Pete, you!

Word Chant

Review
Phonogram
090 - 093

44th Week
Day 5

Bossy 'e'

Storytelling

단어 챈트 영상을 보면서 '보스같이 행동하는(Bossy)' 모음 'e'로 끝나는 단어들을 골고루 복습해요.
스토리 애니메이션을 보면서 단어와 문장들을 듣고 따라 해보세요.

ph**o**n**e**

g**a**m**e**

h**o**m**e**

r**i**d**e**

dr**i**v**e**

pl**a**n**e**

h**i**d**e**

m**u**l**e**

h**o**l**e**

m**o**l**e**

sn**a**k**e**

t**u**b**e**

094 - 110

Polite
Partners

짝을 이루는 소리

Phonogram 094

ai

44th Week
Day **6**

ai Chant

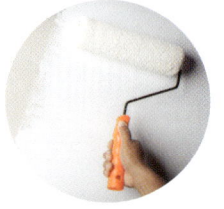 p**ai**nt

 sn**ai**l

 t**ai**l

두 개의 모음이 나란히 붙어있으면 하나의 모음처럼 발음해요. 'a'와 'i'가 만나면 장모음 'a' 소리처럼 [에이]라고 발음합니다. 영상을 보면서 'ai'가 들어간 단어 챈트를 잘 듣고 따라 해봐요.

Phonogram 094

ai

44th Week

Day 7

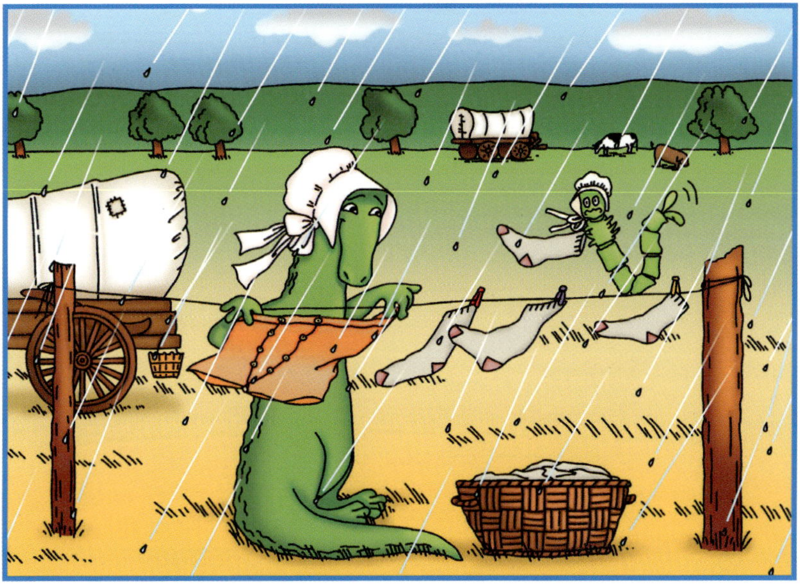

The rain is on the plain.

'ai'가 들어간 단어들을 더 알아볼까요?
원어민 율동과 스토리 영상을 보면서
단어와 문장을 큰 소리로 따라 해봐요.

ar Chant

Phonogram
095

45th Week

Day **1**
___ / ___

ar

j**ar**

guit**ar**

sh**ar**k

모음 'a' 바로 뒤에 오는 'r'은 자음이 아니라 모음의 일부가 됩니다. 'ar'은 턱을 열어 입을 크게 해서 [아] 소리를 먼저 여유 있게 낸 다음, [ㄹ]을 붙여 발음해요. 챈트 영상을 보면서 'ar'이 들어간 단어를 듣고 따라 말해봐요.

ar Dance

ar Story

Phonogram
095

ar

45th Week
Day **2**
___ / ___

I sat in the c**ar**.

원어민 율동과 스토리 영상을 보면서 'ar'이 들어간 단어들을 더 알아볼까요? 단어와 문장을 잘 듣고 큰 소리로 따라 해봐요.

Phonogram 096

45th Week
Day 3

aw

j**aw**

y**aw**n

cr**aw**l

'aw'는 입을 동그랗게 모아 [오] 모양을 하고 입 안을 넓게 만들어 [어]라고 길게 소리 냅니다. 영상을 보면서 'aw'가 들어간 단어를 잘 듣고 따라 해봐요.

Phonogram 096

aw

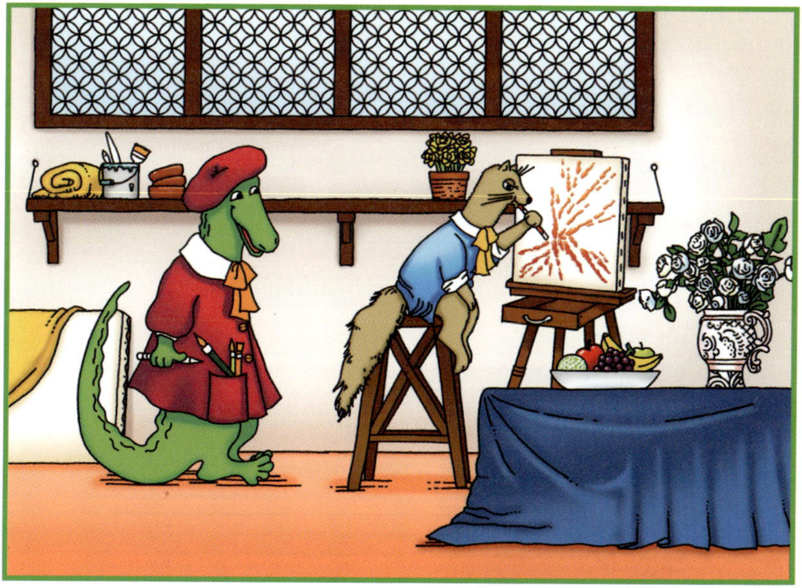

Can you draw with a straw?

'aw'가 들어간 단어들을 더 알아볼까요?
원어민 율동과 스토리 영상을 보면서
단어와 문장을 큰 소리로 따라 해봐요.

all Chant

Phonogram
097

all

45th Week

Day 5
___ / ___

mall

tall

waterfall

'all'은 'aw'를 발음할 때처럼 [어] 입모양을 만들고 윗입술을 위로 많이 들어올린 다음, 혓바닥을 입천장 윗쪽으로 살짝 말아주면 자연스럽게 자음 'll' 소리를 낼 수 있어요. 영상을 보면서 'all'이 들어간 단어를 잘 듣고 따라 해봐요.

Phonogram 097
all

Yancy c**all**s Kayo.
"Do you want to play b**all**?"
"We shall meet at the st**all**."

The b**all** hits the w**all**.

Kayo hits the b**all** and f**all**s.

Yancy helps him stand up t**all**.

'all'이 들어간 단어들을 더 알아볼까요? 스토리 영상을 보면서 'all' 소리가 들어있는 단어들을 찾아보세요.

Phonogram 098

45th Week

Day 7

ay

gray

okay

way

모음 'a'와 'y'가 만나면 [에이]라고 하나의 모음으로 소리 내요. 장모음 'a' 소리로 발음하지요. 챈트 영상을 보면서 'ay'가 들어간 단어를 잘 듣고 따라 해봐요.

Phonogram 098

46th Week

Day 1

ay

What day is it today?

Monday

Tuesday

Wednesday

Thursday

Friday

Saturday

Sunday

오늘(today)은 무슨 요일인가요? 매일매일 일상에서 자주 만나는 'ay' 소리를 일주일 명칭으로 알아볼까요? 챈트 영상으로 월요일부터 일요일까지의 영어 명칭을 잘 듣고 신나게 따라 말해보세요.

ay Dance

ay Story

Phonogram 098

ay

46th Week

Day 2

I say yes! He says no!

원어민 율동과 스토리 영상을 보면서 'ay'가 들어간 단어들을 더 알아볼까요? 단어와 문장을 잘 듣고 큰 소리로 따라 해봐요.

Phonogram 99

46th Week
Day 3
___ / ___

ea Chant

ea

eat

beans

feast

'ea'는 처음에 나온 'e'를 알파벳 이름대로 길게 [이]라고 소리 내고, 뒤에 나오는 'a'는 발음하지 않아요. 챈트 영상을 보면서 'ea'가 들어간 단어를 잘 듣고 따라 하세요.

※ steak, break는 앞의 'e'를 소리 내지 않는 대신 뒤에 나오는 'a'를 알파벳 이름 [에이]로 발음해요. bread, feather의 'ea'는 [에]로 발음하니 주의하세요.

ea Words

ea Story

Phonogram 99

46th Week

Day **4**

___ / ___

ea

Willie Weasel plans a meal at the beach.

He heats tea and peanut treats.

He steams peas and beans.

He invites each of his pals to his beach feast.

'ea'가 들어간 단어들을 더 알아볼까요? 스토리 영상을 보면서 'ea' 소리가 들어있는 단어들을 찾아보세요.

Phonogram 100

ee Chant

46th Week
Day 5
___ / ___

ee

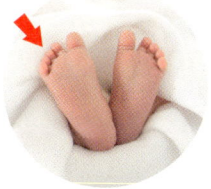
feet

sleep

teeth

'ee'는 장모음 'e' 소리처럼 입술을 미소 짓는 모양으로 만든 다음 길게 [이]라고 발음합니다. 챈트 영상을 보면서 'ee'가 들어간 단어를 잘 듣고 따라 해봐요.

ee Dance

ee Story

Phonogram 100

46th Week
Day **6**

ee

We s**ee** thr**ee** gr**ee**n tr**ee**s.

'ee'가 들어간 단어들을 더 알아볼까요?
원어민 율동과 스토리 영상을 보면서
단어와 문장을 큰 소리로 따라 해봐요.

Phonogram 101

46th Week

Day 7
___ / ___

er Chant

er

finger

summer

water

모음 'e' 바로 뒤에 오는 'r'은 자음이 아니라 모음의 일부가 됩니다. 'er'은 [어] 소리를 낸 다음, [ㄹ]을 붙여 여유 있게 발음해요. 챈트 영상을 보면서 'er'이 들어간 단어를 잘 듣고 따라 해봐요.

 er Dance
 er Story

Phonogram 101

er

 47th Week
Day 1
___ / ___

The river is terrible.

원어민 율동과 스토리 영상을 보면서 'er'이 들어간 단어들을 더 알아볼까요? 단어와 문장을 잘 듣고 큰 소리로 따라 말해보세요.

ir Chant

Phonogram
102

ir

47th Week

Day 2
____ / ____

b**ir**thday

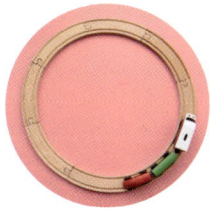

c**ir**cle

st**ir**

'ir'은 'er'을 발음할 때처럼 [어] 입모양을 만들고 길게 소리 낸 다음, [ㄹ]을 자연스럽게 붙여 발음합니다. 영상을 보면서 'ir'이 들어간 단어 챈트를 잘 듣고 따라 해봐요.

102
ir

Day 3

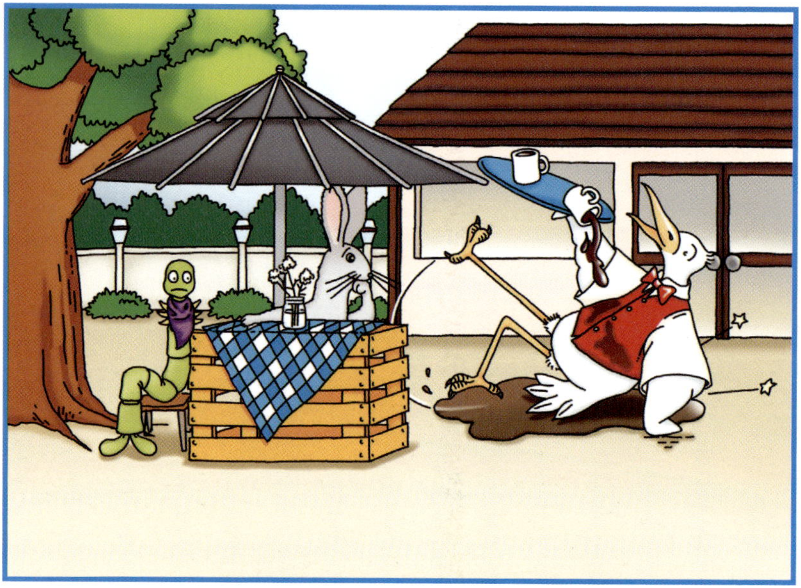

The bird in the dirt got his shirt dirty.

원어민 율동과 스토리 영상을 보면서
'ir'이 들어간 단어들을 더 알아볼까요?
단어와 문장을 잘 듣고 큰 소리로 따라
말해보세요.

Phonogram 103

ie

Day 4
___ / ___
47th Week

f**ie**ld

p**ie**ce

cook**ie**

모음 'i'와 'e'가 만나면 장모음 'e' 소리로 길게 [이]라고 발음해요. 앞에 나온 모음 'i'는 발음하지 않아요. 영상을 보면서 'ie'가 들어간 단어 챈트를 잘 듣고 따라 해보세요.

※ pie, tie는 앞의 모음 'i' 소리만 장모음으로 [아이]라고 발음해요.
  friend처럼 'ie'를 [에]라고 발음할 때도 있으니 주의하세요.

oa Chant

Phonogram 104

47th Week

Day 5
___ / ___

oa

 **coat**

 **goal**

 **soap**

'o'와 'a'가 만나면 하나의 모음으로 소리 나요. 앞에 나온 'o'를 알파벳 이름대로 길게 [오우]라고 발음하고, 뒤의 모음 'a'는 발음하지 않습니다. 챈트 영상을 보면서 'oa'가 들어간 단어를 잘 듣고 따라 해봐요.

Phonogram 104

47th Week

Day 6

oa

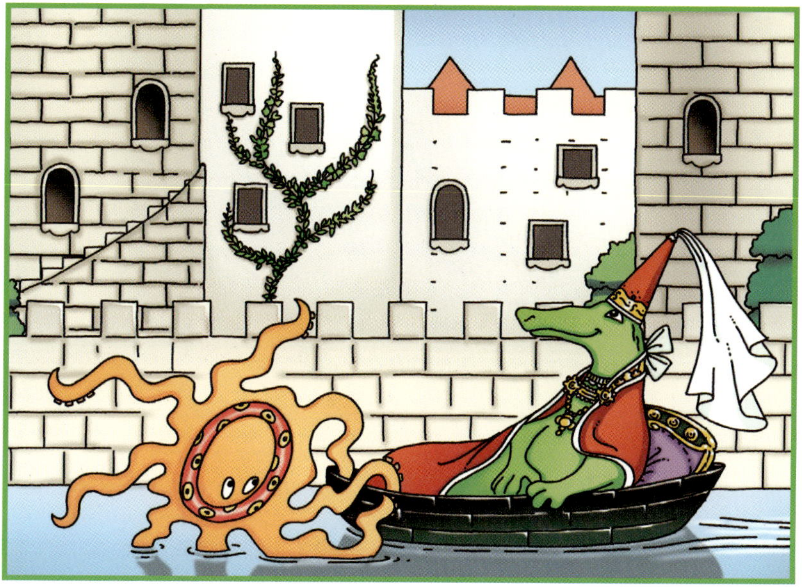

The oak boat floats in the moat.

'oa'가 들어간 단어들을 더 알아볼까요?
원어민 율동과 스토리 영상을 보면서
단어와 문장을 큰 소리로 따라 해봐요.

Phonogram 105

long oo Chant

47th Week
Day 7
___ / ___

boots

pool

roof

'oo'를 길게 발음할 때는 입술을 앞으로 내밀고 길게 [우]하고 소리 냅니다. 영상을 보면서 긴 소리 'oo'가 들어간 단어 챈트를 잘 듣고 따라 해봐요.

short oo Chant

Phonogram 106

48th Week
Day **1**
___ / ___

oo

boo**k**

foo**t**

woo**d**

'oo'를 짧게 발음할 때는 입술을 앞으로 내밀지 않아요. 입모양을 [으]라고 미리 준비하고 [우]라고 짧게 발음해요. 영상을 보면서 짧은 'oo'가 들어간 단어를 잘 듣고 따라 해보세요.

oo Dance

oo Story

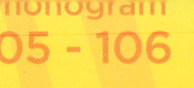
Phonogram
105 - 106

48th Week

Day 2
___ / ___

Oooo, that food looks good.

원어민 율동과 스토리 영상을 보면서 'oo'가 들어간 단어들을 더 알아볼까요?
food에서는 길게, look과 good의 'oo'는 짧게 발음하는 것에 주의하여 단어를 큰 소리로 따라 해봐요.

ow Chant

Phonogram
107

48th Week

Day 3
___ / ___

ow

sn**ow**

thr**ow**

wind**ow**

모음 'o'와 자음 'w'가 만나면 'w'가 모음처럼 행동해요.
그래서 'w'를 반쪽짜리 모음 또는 반모음이라고 해요.
'ow'는 앞에 나온 'o'를 알파벳 이름대로 길게 [오우]라고
하고, 뒤에 오는 'w'는 발음하지 않아요. 영상을 보면서 'ow'
챈트를 잘 듣고 따라 해봐요.

ow Chant

ow

bow

crow**n**

how**l**

'ow'가 [아우]로 소리 나는 경우도 있어요.
챈트 영상을 보면서 'ow'가 들어간 단어를
귀 기울여 잘 듣고 따라 해보세요.

※ b**ow**가 '활' 또는 '나비 모양 리본'일 경우, 'ow'를
 [오우]로 발음하는 것에 주의하세요.

Phonogram 109

48th Week
Day 5

oy

boy

joy

soy

모음 'o'와 자음 'y'가 만나면 'y'가 모음으로 바뀝니다. 그래서 'y'를 반쪽짜리 모음 또는 반모음이라고 해요. 'oy'는 입모양을 둥글게 하고 입 안을 넓게 만들어 [어이]와 [오이]의 중간 소리 정도로 길게 발음해요. 영상을 보면서 'oy' 챈트를 잘 듣고 따라 해봐요.

oy

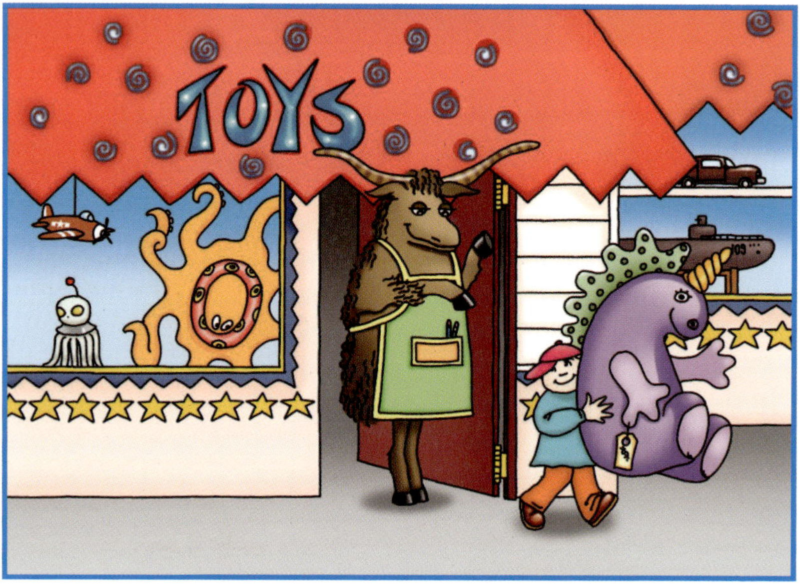

The b**oy** has a t**oy**.

'oy'가 들어간 단어들을 더 알아볼까요?
원어민 율동과 스토리 영상을 보면서
단어와 문장을 큰 소리로 따라 해보세요.

ur Chant

ur

n**ur**se

s**ur**f

t**ur**tle

모음 'u'와 'r'이 붙어 있으면 'r'은 자음이 아니라 모음의 일부가 됩니다. 'ur'은 'ir'을 발음할 때처럼 [어] 소리를 길게 낸 다음, [ㄹ]을 붙여 여유있게 발음해요. 영상을 보면서 'ur'이 들어간 단어 챈트를 잘 듣고 따라 해봐요.

ur Dance

ur Story

Phonogram 110

ur

Day 1
___ / ___

I turned and saw a purple church.

원어민 율동과 스토리 영상을 보면서
'ur'이 들어간 단어들을 더 알아볼까요?
발음에 집중하여 단어와 문장을 큰 소리로
따라 해보세요.

Phonogram 094 - 110

Review

49th Week

Day **2**

Polite Partners

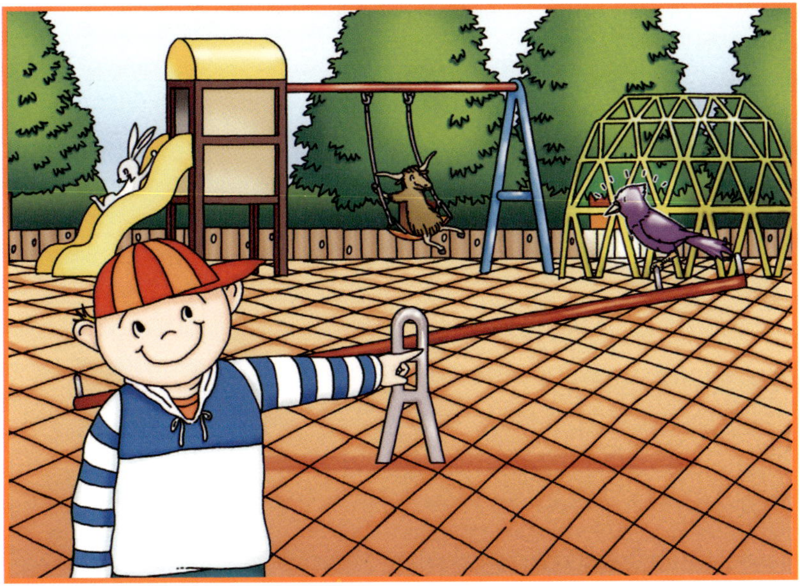

A b**oy** says,
"L**oo**k at the p**ur**ple b**ir**d on a s**ee**s**aw**!"

두 개의 모음이 나란히 짝을 지어 나올 때는 소리 내는 규칙들을 잘 지켜 발음해야 해요. '예의 바른 친구들(Polite Partners)' 발음을 원어민 율동과 스토리 영상으로 복습하세요.

Story Chant

Review
Phonogram
094 - 101

49th Week
Day 3
___ / ___

Polite Partners

스토리 영상을 보면서 모음이 짝을 지어 나오는 'ai, aw, ay, ee'가 들어간 단어들을 찾아보고, 문장을 따라 해보세요.

pl**ai**n   tr**ai**n   tod**ay**   dr**aw**   gr**ee**n   s**ee**   tr**ee**

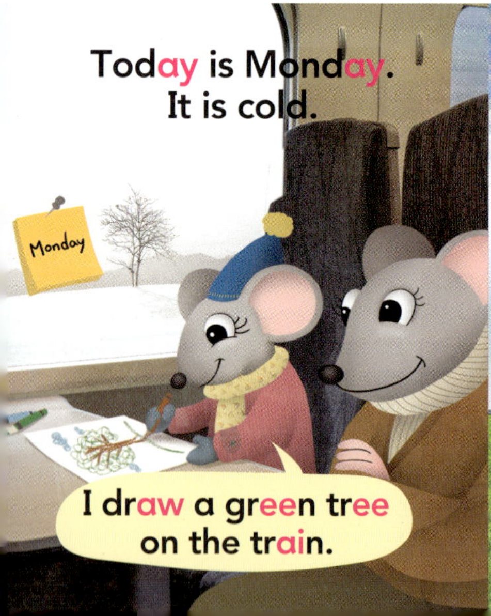

Tod**ay** is Mond**ay**.
It is cold.

Tod**ay** is Tuesd**ay**.
It is warm.

I dr**aw** a gr**ee**n tr**ee** on the tr**ai**n.

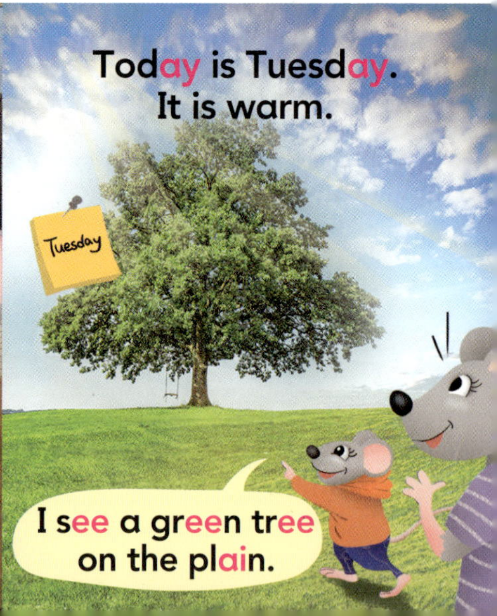

I s**ee** a gr**ee**n tr**ee** on the pl**ai**n.

Story Chant

Review

Phonogram 094 - 101

49th Week
Day 4

Polite Partners

스토리 영상을 보면서 'ar, aw, ay, ee'가 들어간 단어들을 찾아보고, 문장을 따라 해보세요.

| car | dark | star | draw | today | see |

Today is Wednesday.
It is cloudy.

I draw a star in the car.

Today is Thursday.
It is snowy.

I see a star in the dark.

 Review

Phonogram 094 - 101

49th Week

Day 5
___ / ___

Story Chant

Polite Partners

스토리 영상을 보면서 'ai, ay, er'이 들어간 단어들을 찾아보고, 문장을 따라 해보세요.

 r**ai**n

 pl**ay**

 riv**er**

 moth**er**

 fath**er**

Tod**ay** is Saturd**ay**.
It is r**ai**ny.

Saturday

I pl**ay** with Moth**er** in the r**ai**n.

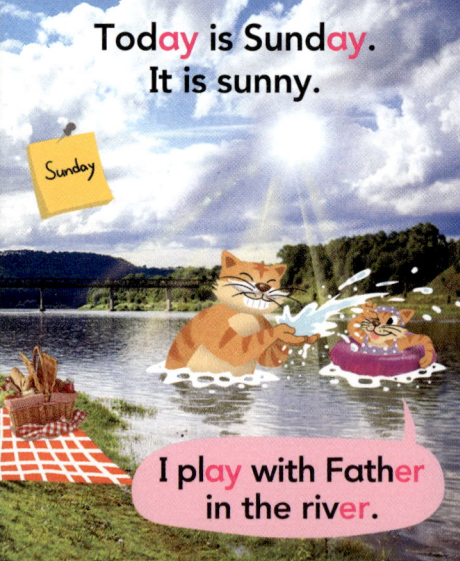

Tod**ay** is Sund**ay**.
It is sunny.

Sunday

I pl**ay** with Fath**er** in the riv**er**.

Word Chant

Phonogram
094 - 101

49th Week
Day 6
___ / ___

Polite Partners

Storytelling

두 개의 모음이 짝을 이루는 소리들을 단어 챈트로 골고루 복습해요. 스토리 애니메이션을 보면서 모음 'a'와 'e'가 포함된 단어들을 귀 기울여 들어 보세요.

dr**aw**　　t**ree**　　tr**ai**n　　s**ee**

pl**ai**n　　st**ar**　　c**ar**　　pl**ay**

moth**er**　　r**ai**n　　fath**er**　　riv**er**

Story Chant

Review

Phonogram 102 - 110

49th Week

Day 7

Polite Partners

스토리 영상을 보면서 'ir, oa, oo, ur'이 들어간 단어들을 찾아보고, 문장을 따라 해보세요.

※ good의 'oo'는 짧게 발음하는 것에 주의하세요.

b**ir**d b**oa**t fl**oa**t **oa**k g**oo**d kangar**oo** p**ur**ple

Umbrella B**ir**d and Kangar**oo** fl**oa**t an **oa**k b**oa**t.

G**oo**d morning, P**ur**ple B**ir**d!

Story Chant

Review

Phonogram
102 - 110

50th Week
Day **1**
___ / ___

Polite Partners

스토리 영상을 보면서 'oo, oy'가 들어간 단어들을 찾아보고, 문장을 따라 해보세요.
※ good, look의 'oo'는 짧게 발음하는 것에 주의하세요.

b**oo**merang   f**oo**d   g**oo**d   l**oo**k   **oy**ster   t**oy**

L**oo**k at the **oy**ster!
It is my favorite f**oo**d.

L**oo**k at the b**oo**merang!
It is my favorite t**oy**.

Good!

Good!

Story Chant

Review

Phonogram 102 - 110

Polite Partners

50th Week
Day 2
___ / ___

스토리 영상을 보면서 'ir, oo, ur'이 들어간 단어들을 찾아보고, 문장을 따라 해보세요.

※ good, look의 'oo'는 짧게 발음하는 것에 주의하세요.

b**ir**d

g**oo**d

l**oo**k

m**oo**n

p**ur**ple

Look at the moon!
This is my favorite time.

Good!

Good night, Purple Bird!

Review

102 - 110

50th Week

Day 3

Polite Partners

두 개의 모음이 짝을 이루는 소리들을 단어 챈트로 골고루 복습해요. 스토리 애니메이션을 보면서 모음 'i, o, u'가 포함된 단어들을 귀 기울여 들어보세요.

bird   **float**   **oak**   **boat**

good   **purple**   **look**   **oyster**

food   **boomerang**   **toy**   **moon**

Vowel 'y'

vowel y Chant

cry

fly

happy

party

모음으로 쓰이는 'y'는 모음 'i' 소리처럼 [아이]로 발음하기도 하고, 모음 'e' 소리처럼 [이]로 발음하는 경우도 있어요. 챈트 영상을 보면서 모음 'y'가 들어간 단어를 잘 듣고 따라 해보세요.

112 - 119

Silent & Soft Sounds

소리가 나지 않거나
부드럽게 발음하는 소리

silent gh Chant

Silent 'gh'

112

Day 5

daugh**ter**

eigh**t**

high

neigh**bor**

'gh'는 단어의 맨 끝에 오거나, t 또는 b 앞에 올 때 소리가 나지 않고 묵음이 되는 경우가 많아요. 영상을 보면서 묵음 'gh'가 들어간 단어 챈트를 큰 소리로 따라 해봐요.

※ enough, laugh처럼 'gh'가 'f'의 [프] 소리로 발음하는 경우와 헷갈리지 않도록 주의하세요!

Silent 'h'

Day 6
50th Week
___ / ___

113

school

ghost

hour

vehicle

모음 'i, o' 앞에 자음 h가 올 때, h는 묵음이 되어 발음하지 않아요. why, rhythm처럼 h가 모음 'y' 앞에 올 때도 묵음이 되므로 주의하세요. 챈트 영상을 보면서 묵음 h가 들어간 단어를 큰 소리로 따라 해보세요.

silent k Chant

Day 7
___ / ___

Silent 'k'

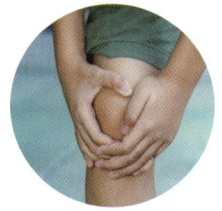
knee

knight

know

자음 'k'와 'n'이 붙어 있고, 단어의 맨 앞에 오면 'k'가 묵음이 되어 발음하지 않아요. 'k'가 소리 나지 않기 때문에 바로 뒤에 있는 'n' 소리로 시작합니다. 영상을 보면서 'kn'으로 시작하는 단어 챈트를 잘 듣고 따라 해봐요.

silent k Dance

silent k Story

Silent 'k'

Day 1

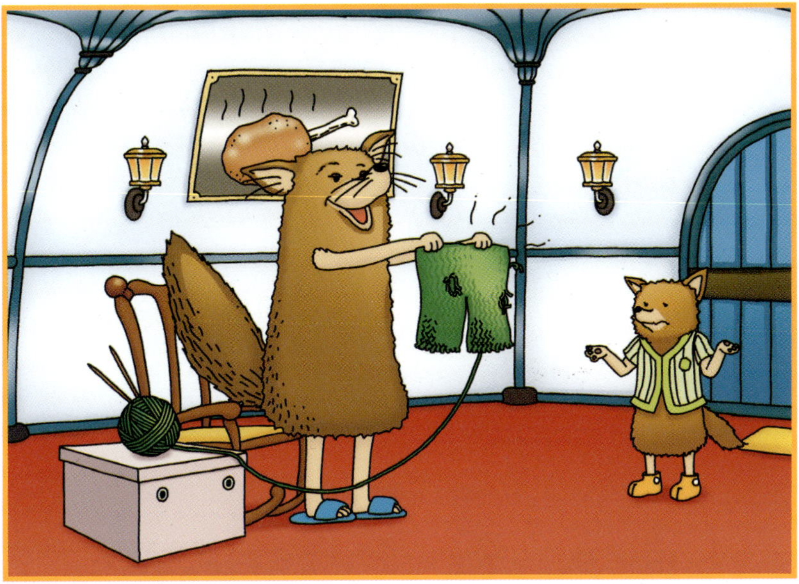

I like to **kn**it pants for my son.

'kn'으로 시작하는 단어들을 더 알아볼까요? 'k'가 소리 나지 않는 것에 주의하여 원어민 율동과 스토리 영상을 보면서 단어와 문장을 큰 소리로 따라 해보세요.

silent l Chant

115

Silent 'l'

51st Week

Day 2
___ / ___

half

salmon

talk

자음 'l' 다음에 'm, d, f, k'가 붙어 나올 때, 'l'은 묵음이 되어 발음하지 않습니다. almond, palm, would, could 등 묵음 'l'이 들어있는 단어가 많이 있어요. 챈트 영상을 보면서 묵음 'l'이 들어간 단어를 잘 듣고 따라 해보세요.

silent l
Dance

silent l
Story

Silent 'l'

Phonogram 115

51st Week

Day 3
___ / ___

The calf walked calmly.

원어민 율동과 스토리 영상을 보면서 묵음 'l'이 들어있는 단어들을 더 알아볼까요? 'l'이 소리 나지 않는 것에 주의하여 단어를 큰 소리로 따라 해보세요.

Silent 'b'

51st Week

Day 4

bomb

crumb

plumber

자음 'm'과 'b'가 붙어 있고 단어의 끝쪽에 올 경우, 'b'는 묵음이 되어 발음하지 않고, 'm' 소리만 발음합니다. lamb, thumb 등 여러 단어들을 예로 들 수 있지요. 챈트 영상을 보면서 'mb'로 끝나는 단어를 잘 듣고 따라 해봐요.

silent b
Dance

silent b
Story

116
Silent 'b'

51st Week

Day 5

___ / ___

I co**mb** my hair as I cli**mb** up the mountain.

'mb'로 끝나는 단어들을 더 알아볼까요?
'b'가 소리 나지 않는 것에 주의하여
원어민 율동과 스토리 영상을 보면서
단어와 문장을 큰 소리로 따라 해보세요.

Phonogram 117

Silent 'w'

51st Week

Day 6
___ / ___

silent w Chant

wrap

wreath

write

wrong

'w'와 'r'이 만나면 'w'를 발음하지 않습니다. 'w'와 'r'은 둘 다 입술을 모아 오므려야 하는 발음이기 때문에 두 소리를 연달아 내기가 어려워요. 그래서 발음을 쉽게 하기 위해 'w' 발음을 생략하고 'r' 소리로 시작해요. 영상을 보면서 'wr'로 시작하는 단어 챈트를 잘 듣고 따라 해보세요.

Soft 'c'

cereal

circus

cycle

ri**c**e

'c' 다음에 모음 'e, i, y'가 올 때, c를 s 소리로 부드럽게 발음(soft c)해요. c는 **c**at, **c**orn, **c**up처럼 모음 'a, o, u' 앞에 쓰여 'k' 소리(Hard c)로 강하게 소리 나는 경우가 더 많아요. 그러나 익숙한 단어들 중에 'Soft c'로 발음하는 경우도 많으니, 단어를 잘 듣고 따라 하며 연습해 보세요.

※ 'Hard c, g'와 'Soft c, g'의 구별은 소리들과의 연관성을 이해하고, 발음의 정확성을 높여 줍니다. 파닉스를 완성하는 중요한 부분이므로 마지막까지 꼼꼼하게 학습해요.

soft c
Dance

soft c
Story

Soft 'c'

Day **1**
___ / ___

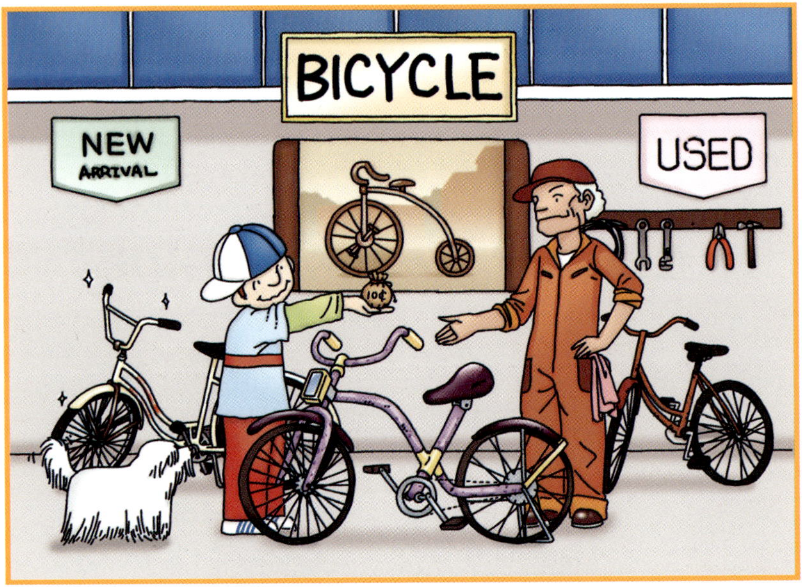

I paid ten cents for the secondhand bicycle.

원어민 율동과 스토리 영상을 보면서 'Soft c' 소리가 들어있는 단어들을 더 알아볼까요? 발음에 주의하여 단어와 문장을 큰 소리로 따라 해봐요.

soft g Chant

Soft 'g'

119

52nd Week

Day 2
___ / ___

energ**y**

genius

ging**erbread**

mag**ic**

원래 g는 우리말 [ㄱ] 발음과 유사하고, 성대를 울려서 발음하는 강한 소리 (Hard g)예요. 그런데 g 다음에 모음 'e, i, y'가 오면, j 발음처럼 혀의 앞부분을 위쪽 치아 뒤에 붙였다가 떨어뜨리면서 부드럽게 발음해요. 영상을 보면서 'Soft g'가 들어간 단어를 잘 듣고 따라 해봐요.

※ 예외적으로 get, give, gift, girl은 'g'가 'e, i' 앞에 오더라도 'Hard g'로 발음하니 주의하세요!

Soft 'g'

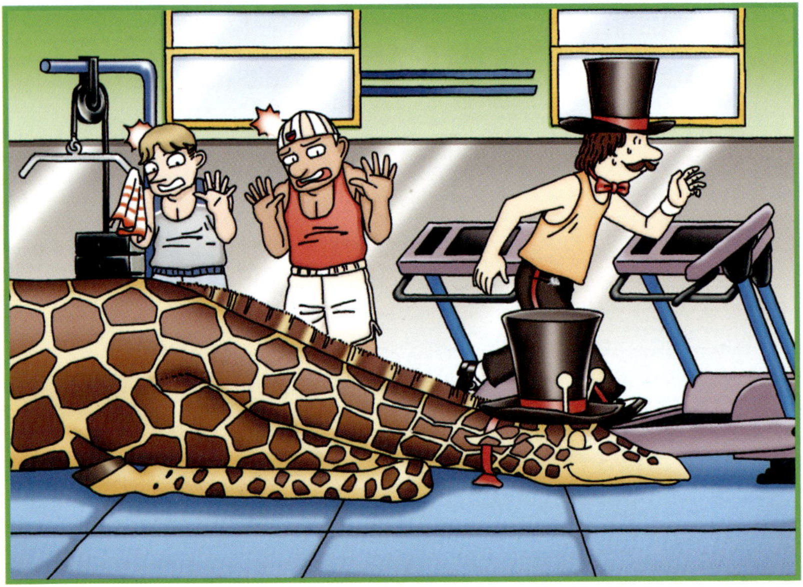

A gentle giraffe is in the gym.

'Soft g'가 들어간 단어들을 더 알아볼까요? 원어민 율동과 스토리 영상을 보면서 발음에 집중하여 단어와 문장을 잘 듣고 큰 소리로 따라 해보세요.

Silent & Soft Sounds

Review
112 - 119
52nd Week
Day 4

스토리 영상을 보면서 묵음(Silent Sounds) 'l'과 부드럽게 소리 내야 하는 'c'(Soft c)가 들어간 단어들을 찾아보고, 문장을 따라 해보세요.

walk

circus

city

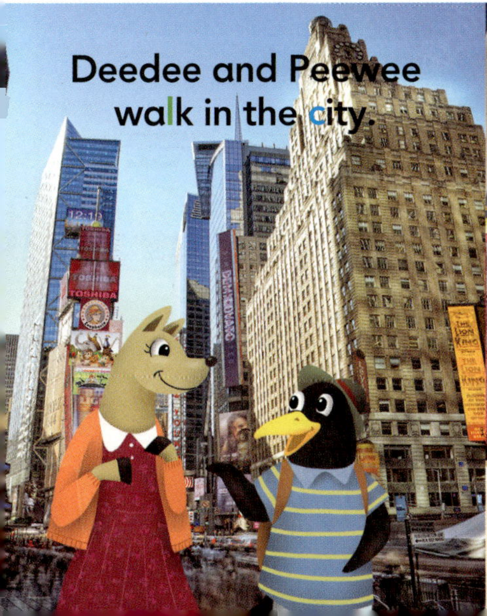

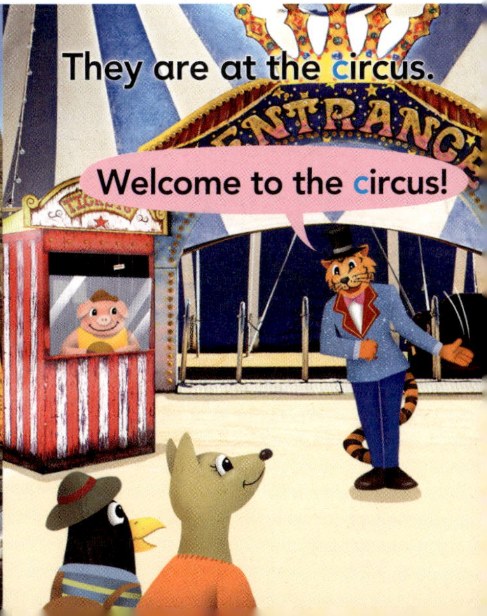

Deedee and Peewee walk in the city.

They are at the circus.

Welcome to the circus!

Review 112 - 119

52nd Week
Day 5

Silent & Soft Sounds

스토리 영상을 보면서 묵음(Silent Sounds) 'k, l, b'와 부드럽게 소리 나는 'c, g'(Soft c, Soft g)가 들어간 단어들을 찾아보고, 문장을 따라 해보세요.

 knit

 calf

 comb

 lamb

 cymbals

 lace

  unicycle

 genius

 gentle

Look at the genius calf.

He can comb his hair as he plays cymbals.

Look at the gentle lamb.

She can knit a long lace as she rides a unicycle.

Story Chant

Review

112 - 119

52nd Week

Day **6**

Silent & Soft Sounds

스토리 영상을 보면서 묵음(Silent Sounds) 'l, b'와 부드럽게 소리 나는 'c, g'(Soft c, Soft g)가 들어간 단어들을 찾아보고, 문장을 따라 해보세요.

※ enou**gh**, lau**gh**의 'gh'는 묵음이 아니라 'f' 소리로 발음하는 자음 이중글자(Digraph)이니 주의하세요.

clim**b** thum**b** ca**l**m enou**gh** lau**gh**

ceiling ni**c**e **g**iant **g**iraffe

Look at the **g**iant **g**iraffe.

He can clim**b** up to the **c**eiling ca**l**mly.

Deedee and Peewee lau**gh** enou**gh**.

What a ni**c**e show! Two thum**b**s up!

묵음(Silent Sounds)과 부드럽게 발음하는 소리 (Soft Sounds)들을 단어 챈트로 골고루 복습해요. 스토리 영상을 보면서 단어들을 귀 기울여 듣고 큰 소리로 따라 해보세요.

Storytelling

calf

comb

cymbals

lamb

knit

lace

giant

giraffe

ceiling

laugh

enough

thumb